투자금이 회수되는 월세 부자,
건물주 되기

투자금이 회수되는 월세 부자, 건물주 되기

열정잇기, 맥밀란 지음

한국경제신문i

프롤로그
열정잇기

재작년 말, 군자역 근처에 지은 다가구 건물이 완공되고 1층에 작은 공간이 생겼습니다. 원래 임대로 계획했던 공간이었지만, '주말에라도 직접 이 공간을 활용해 뭔가 해보면 그 임대료 이상의 성과는 낼 수 있지 않을까' 막연하게 생각하다가 직접 사용하기로 결정했습니다. 평소에 좋아하던 긴 원목 테이블과 예쁜 조명들로 공간을 꾸몄습니다. 그렇게, 여러 명이 모여 따뜻하게 차 한잔 나눠 마시며 두런두런 이야기할 수 있는 공간이 생겼습니다.

공간이 생기자, 장기적으로 하고 싶은 일에 대해 고민해보게 되었습니다. 저는 책 읽는 시간이 행복한 사람이었고, 사람들과 매일 다른 주제로 읽은 책에 대해 함께 이야기하고 성장하며 노후를 보내면 좋겠다는 생각이 있었습니다. 그래서 공간이 생긴 김에 하고 싶은 일을 미루지 말고, 지금해보자는 생각으로 책 모임을 준비했습니다. 평소 알고 지내던 사람들로만 구성하자니, 책 모임에 따로 시간을 낼 수 있는 사람이 많지 않았고, 책 모임을 하고 싶다고 의견을 말씀해주셨던 맥밀란님과 블로그로 사람들을 모아서 신축 책 모임을 하기로 계획했습니다. 함께 성장할 수 있는 공간을 만들어보자는 것에 모두가 뜻을 같이했고, "공간, 존재의 가치를 찾다", 공존은 그렇게 탄생하게 되었습니다.

그렇게 시작하게 된 책 모임에서 실질적으로 신축을 할 수 있는 강의를 만들어달라는 요청이 있었고, 신축에 대한 기본적인 과정을 공부하는 공존 신축입문반이 탄생했습니다. 그리고 신축 사업의 가장 중요한 핵심요소인 토지 매입을 집중적으로 분석하는 신축 실전스터디반, 매입한 토지를 신축해나가는 실전반으로 이어져나가며 현재 20여 명의 건물주들이 공존과 함께 신축 사업을 진행하고 있습니다. 그리고 그 핵심 내용을 이렇게 책으로 만들게 되었습니다.

신축, 아직도 일부 사람들만의 성공 스토리라고 생각하신다면, 이 책을 읽고, 공부하며 여러분의 성공 스토리로 이어나가시길 바랍니다.

프롤로그
맥밀란

평범한 가정에서 평범하게 자라 또 평범하게 회사 생활을 하면서 보통 사람의 보통의 삶을 살아왔습니다. 부유한 금수저가 아니었기 때문에 미래에 대한 걱정과 노후에 대한 걱정은 항상 따라 다녔습니다. 그래서 현금 흐름을 추가적으로 창출하는 현금 파이프라인을 여러 개 만들어야겠다고 다짐을 했습니다. 파이프라인의 한 축은 주식, 선물, 달러 등의 금융자산에 대한 투자, 또 한 축은 바로 위험자산이면서 안전자산인 부동산에 대한 투자였습니다. 금융자산에 대한 투자는 포트폴리오 다변화 전략으로 지금도 해오고 있습니다.

부동산 투자 중에 최고의 투자는 바로 신축 사업에 대한 투자라고 자신 있게 말씀드릴 수 있습니다. 신축 사업은 신축이라는 부가가치를 추가적으로 창출해, 토지 상태보다 더 많은 기대수익을 가져다줍니다. 지가 상승에 대한 안정적인 시세 차익과 임대를 통한 안정적인 월 현금 흐름 창출, 이것이야말로 제가 그토록 바라던 투자였습니다. 그래서 2015년부터 지금까지 6개의 토지를 매수하고 6개의 각기 다양한 건물의 신축을 진행하며 추가 수익을 창출할 수 있게 되었습니다.

신축을 6개 정도 경험하고 나니 이렇게 좋은 투자처를 혼자 알고 있기보다는 보다 많은 사람들에게 도움을 주고 싶다는 마음이 생겼습니다. 그렇게 열정잇기님과 신축스터디를 개설하고 20여 건의 새로운 신축 케이스를 만들어냈습니다.

더 나아가, 신축스터디를 직접 수강하실 수 없는 분과 처음 신축 사업을 접하시는 분들에게 이 책이 조금이나마 도움이 되었으면 합니다.

목차

1장

지금 가능한
유일한 투자,
꼬마빌딩
신축 사업

1

우리가 평생 투자를
해야 하는 이유

이 세상 모든 재화나 용역 및 자산의 가격은 어떻게 결정되어질까요? 물론 여러 요인이 복합적으로 이루어져 결정될 것입니다. 그러나 결국에는 단 하나의 원칙에 귀결되어진다고 생각합니다. 그것은 바로, 수요와 공급의 법칙입니다. 즉 수요는 한정이 되어 있는데, 급격히 공급이 늘어나면 가격이 올라가게 되고, 반대로 공급은 한정되어 있는데, 수요가 꾸준히 증가하면 그 재화의 가격이나 가치는 자연스럽게 올라가게 되어 있습니다. 우리가 일상생활에 쓰고 있는 돈도 똑같습니다.

돈의 가치, 즉 화폐의 가치는 어떻게 결정될까요? 결국에는 공급입니다. 매년 시중에 공급되는 돈의 양이 증가하게 된다면 자연스럽게 화폐가치는 하락할 수밖에 없습니다. 다음 페이지의 그래프를 보면 알 수 있습니다.

통화량의 지표인 M1을 살펴보면, 2013년 이후 매년 10% 이상 우리나라 전체에 통화량이 지속해서 공급되고 늘어가게 됨을 알 수 있습니다. 이것을 역으로 생각하면 매년 우리의 화폐가치는 10%씩 하락하고 있다는 뜻입니다. 산술적으로 꼭 1의 상관관계를 갖지는 않지만, 높은

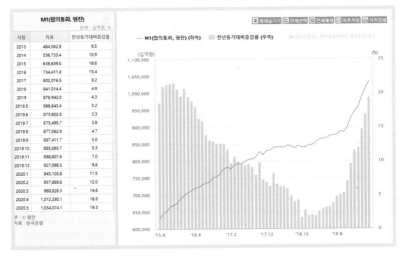

대한민국 연도별 통화량 공급 추이

시점	지표	전년동기대비증감율
2013	484,062.9	9.5
2014	536,733.4	10.9
2015	636,639.0	18.6
2016	734,411.8	15.4
2017	802,016.5	9.2
2018	841,014.4	4.9
2019	876,942.0	4.3
2019.5	866,643.4	3.2
2019.6	873,802.8	3.3
2019.7	875,495.7	3.8
2019.8	877,062.9	4.7
2019.9	887,411.7	5.0
2019.10	885,065.7	5.3
2019.11	898,607.6	7.0
2019.12	927,098.5	9.6
2020.1	945,103.8	11.5
2020.2	957,889.6	12.0
2020.3	988,826.3	14.6
2020.4	1,012,290.1	16.9
2020.5	1,034,074.1	19.3

출처 : 한국은행 통계자료

수의 상관계수를 갖고 있다고 생각합니다. 이렇게 화폐가치가 하락하고 있다는 것을 어떻게 알 수 있을까요? 실례를 들면 약 10년 전, 우리가 1만 원을 가지고 마트에서 장을 볼 수 있는 물건의 수와 현재 마트 갔을 때, 살 수 있는 물건이나 재화의 수는 차이가 큽니다. 당연히 10년 전보다 지금 살 수 있는 물건의 가짓수가 더 적을 것입니다. 이것이 바로 화폐의 가치가 하락했다는 것입니다.

그렇다면 우리가 투자하지 않고 10년 전의 1억 원을 지금도 고스란히 1억으로 가지고 있다면, 그 1억 원이 과연 1억 원의 가치를 온전히 보유하고 있다고 할 수 있을까요? 저는 당연히 아니라고 생각합니다. 10년 전에 1억 원이라면, 지금은 최소 1억 5,000이나 2억 원이 되어야 합니다. 그렇기 때문에 우리는 적극적으로 투자해야 합니다. 종종 많은 사람들이 자신의 자산 가치를 올리기 위해 투자하지만, 지나고 보면 화폐가치 하락을 방어할 수 있는 정도의 성과를 가졌다고 해도 나쁘지 않은 결과입니다. 그만큼 시간이 갈수록 화폐가치의 하락 속도가 빨라지기 때문입니다.

그렇다면 우리는 무조건 무모하게 투자를 해야 할까요? 오마하의 현인인 워런 버핏(Warren Buffett)의 '투자의 성공 원칙'의 제1 원칙이 바로 '돈을 잃지 마라'입니다. 즉 투자할 때 '잃지 않는 투자를 하라'는 것이고, 이것이 무엇보다 중요하다고 했습니다. 투자의 성과를 극대화하는 것이 바로 복리 투자이고, 복리 투자의 핵심이 바로 잃지 않는 것입니다. 따라서 우리의 투자는 온전히 리스크에 노출된 투자가 되면 안 됩니다. 리스크는 최소화하고, 수익은 극대화하는 전략으로 가야 합니다.

이 잃지 않는 가장 안전한 투자가 개인적으로는 신축 사업이라고 생각합니다.

2

적극적인 레버리지,
부의 추월차선

앞서 이야기한 것처럼 우리가 안정적인 초과 수익을 올릴 수 있다면, 적극적으로 레버리지 전략을 구사해야 한다고 생각합니다. 사실 대기업 총수나 현금 동원 능력이 많은 현금 부자들이 아닌, 소시민인 우리가 오로지 자신이 가지고 있는 현금 수준만으로 투자하기란 여간 힘든 게 아닙니다. 이미 모든 투자 자산의 가치는 지속해서 상승하고 있는데, 5,000만 원이나 1억 원을 가지고 투자할 수 있는 대상은 너무나 한정되어 있고, 그런 투자를 바탕으로 얻을 수 있는 기대수익 자체도 크지 않은 게 사실입니다. 이럴 때, 정말 안정적인 수익을 가져다줄 수 있다고 판단되면, 적극적으로 은행이나 다른 수단을 활용해서 레버리지 전략으로 가야 합니다.

그리고 그 기저에는 앞으로 5년, 아니 수십 년 동안 우리나라의 대출 금리가 안정적으로 낮은 수준을 유지할 수밖에 없는 현실적 조건이 깔려 있습니다. 한 국가의 기준 금리를 결정하기 위해서 기본적으로 보는 것이 바로 경제 성장률입니다. 경제 성장률이 높을 때는 시장에서 충분히 고금리를 받아들일 수 있습니다. 그것은 높은 경제 성장률은 가계, 기업, 정부 등 경제 3주체의 경제 체력이 강력하다는 것을 방증하고, 높은 이자율을 지불하고도 충분히 그 이상의 수익을 얻을 수 있기 때문입니다. 그래서 우리나라가 고도로 성장하던 시기인 1970~1980년대는 이자율이 10% 이상 달한 적도 있습니다. 이는 그만큼 고도성장 시기이기 때문에 가능했던 것입니다.

그러나 우리나라가 미국, 유럽, 일본 등의 선진국의 반열에 들어가는 시점인 지금이나 앞으로도 2% 내외의 안정적이고 낮은 경제 성장률을 기록할 수밖에 없다고 생각합니다. 이렇게 되면, 당연히 우리나라의 기준 금리도 경제 성장률인 2~3% 수준에 맞춰질 수밖에 없을 것입니다. 그 예로 일본이나 유럽을 들 수 있습니다. 이들 나라의 기준금리 역시 마이너스가 수년째 이어져오고 있습니다. 그뿐만 아니라 제로금리나 1~2% 금리대가 향후에도 유지할 수밖에 없다고 생각합니다.

이렇게 저금리가 지속된다고 가정했을 때, 우리가 사용할 수 있는 대출 금리가 3% 내외로 지속되고, 연간 3% 이상의 수익을 안정적으로 낼 수 있는 투자 자산이 있다면, 적극적으로 레버리지를 활용해야 합니다.

하지만 충분히 공부하지 않고, 막연한 자신감으로 대출을 활용해 투자한다는 것은 마치 손과 발에 무거운 모래주머니를 달고, 100m 달리기를 하는 것과 마찬가지이므로 반드시 투자 자산에 대한 공부와 자기 확신을 가지고 레버리지 활용 투자 전략을 구사해야 할 것입니다.

안전한 투자 자산으로서의
땅의 가치

우리의 돈은 소중합니다. 그렇기에 투자를 진행하면서 최소한 잃지는 않아야 합니다. 이에 지속적으로 수익성이 보장되는 안전한 투자에 대해 이야기하려고 합니다. 감히 이 세상 무엇보다 가장 안전한 투자 자산으로 땅, 즉 토지를 TOP으로 꼽습니다. 앞서 모든 자산이나 재화 용역의 가치는 기본적으로 수요와 공급 법칙으로 그 가격이 정해진다고 말씀드렸습니다. 수요가 공급을 초과해 가격이 올라가면, 그 즉시 공급자들은 공급을 최대한 늘리려고 노력합니다. 그렇게 자연스럽게 공급이 늘고 가격은 다시 하락하게 되는 것이 시장의 가격 결정 원리입니다.

하지만 토지는 지가가 지속해서 상승하더라도, 공급이 좀처럼 늘어나지 않습니다. 왜냐하면 토지는 바닷물을 막아서 간척사업을 하지 않는 한 공급을 늘리는 데 엄청난 제약이 따르기 때문입니다. 이는 토지의 가장 큰 특징입니다. 그래서 안정적으로 토지가가 상승할 수밖에 없는 것입니다.

우리나라 토지 공시지가 추이 분석

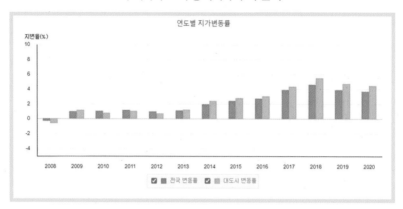

출처 : 국토교통부

위의 표에서 보이는 바와 같이 우리나라 토지의 공시지가는 리먼 브러더스 사태가 발발한 미 금융위기가 극에 달했던 시점인 2008년 딱 1년을 제외하고는 항상 안정적으로 상승했습니다.

그렇다면, 토지는 사두면 무조건 그 가치가 무한정으로 늘어날까요?

저는 아니라고 생각합니다. 토지 중에서도 누구나 가지고 싶고, 가격이 조금이라도 조정을 받는다면, 당장이라도 살 의향이 있는 대기수요가 엄청난 곳에 투자를 해야 한다고 생각합니다.

그럼, 그곳이 어디일까요? 대한민국 중에 도시로는 서울특별시라고 생각하고, 서울특별시 중에서도 강남구라고 생각합니다. 우리나라의 출산율은 지속해서 감소하고 있고, 뉴스에서는 연일 20~30년 뒤 사라질 우리나라 도시에 대해서 언급합니다. 우리의 토지 투자는 1~2년에서 끝나지 않습니다. 우리의 인생과 함께해야 할 투자를 단지 1~2년의 단기의 눈으로 보면 안 됩니다.

우리나라 토지 중에서 20~30년 후에도 살아남을 수 있는 토지는 서울특별시, 부산, 대구, 광주, 울산 등의 광역시 일부, 그리고 수원, 고양 등의 특례시 정도라고 생각합니다. 그리고 이러한 주요 대도시의 집중도와 영향력은 해가 갈수록 더 커질 것입니다. 저는 이러한 토지에 가장 효과적으로 투자할 수 있는 것이 바로 신축 사업이라고 생각합니다.

결론은 신축 사업이다!
신축 사업만의 강점

신축 사업의 첫 내용으로 우리가 평생 투자해야 하는 이유를 장황하게 설명해드렸습니다. 그렇다면, 왜 이렇게 강력하게 신축 사업에 대해서 추천해드리는 것일까요? 그 이유는 다음의 4가지로 요약해볼 수 있습니다.

첫째, 입지가 뛰어난 요지에 비교적 큰 토지 보유로 인한 안정적 시세차익을 기대할 수 있습니다.

앞에서도 이야기한 바와 같이 토지는 공급이 유한하고, 주요 입지의 토지 수요는 꾸준히 증가하거나 유지되기 때문에 시간이 지날수록 토지의 가치는 물가 상승이나 통화량 증가에 따라 지속해서 우상향하는 모습을 보입니다.

기본적으로 모든 부동산 자산의 기본 수익 바탕은 토지입니다. 그것은 아파트도 예외가 아닐 것입니다. 래미안의 브랜드를 가진 같은 아파트에 같은 인테리어를 해도 강남에 위치한 아파트와 상계동에 위치한 아파트 시세는 엄청나게 차이가 납니다. 그것의 기본 바탕은 바로 강남이 가진 토지의 힘이 있기 때문입니다. 따라서, 그 토지가 속한 입지가 수익의 90% 이상을 좌우합니다.

그러나 아파트만 본다면 어떻습니까? 30평에 30억 원을 호가하는 반포의 신축 아파트도 대지지분은 기껏해야 5~6평 내외입니다. 그러나 주택 신축의 경우, 기본적으로 30~50평 또는 그 이상의 토지를 보유할 수 있습니다. 모두가 선호하는 양호한 입지에 이 정도의 토지를 보유한다면, 토지 보유에 따른 안정적인 시세차익은 필연적인 결과라 할 수 있습니다.

둘째, 전·월세의 탄력적 운용을 통한 CASH COW 역할을 합니다.

우리나라는 주택의 경우, 독특한 전세 제도가 있습니다. 그리고 이 전세 제도로 인해 갭 투자 등 다양한 투자 방법이 파생되기도 합니다. 이 전세 제도를 통해 우리는 신축 후 임대 시 적절하게 전·월세를 배분해 전세를 통한 원금 회수를 할 수 있고, 월세를 통한 대출 이자금 상환과 일정 수준의 추가적인 수익을 얻을 수 있습니다.

그리고 만약 새로운 부동산이나 유망한 투자 자산에 투자를 원할 경우, 월세를 전세로 전환해 수천만 원에서 수억 원의 자금을 손쉽게 확보할 수 있습니다. 이와 더불어 금리에도 상대적으로 영향을 적게 받는 장점이 있습니다. 즉, 금리 상승기에는 전세 비율을 높여 이자 부담을 낮추고, 금리 하락기에는 전세 비율을 낮춰서 수익을 극대화할 수 있습니다. 그리고 투자 활동이 활발한 청·장년기에는 전세보증금을 활용해서 투자 활동을 하고, 노년기에는 월세 비중을 높여서 안정적인 수익원으로 활용할 수 있습니다.

셋째, 경기 변동에 따른 상대적 임대 리스크가 낮습니다.

가장 선호되는 신축 사업의 경우, 보통 1층에는 상가를 넣고, 위에는 주택으로 활용하는 것이 대세입니다. 보통 40~50평의 대지에 10~20가구 내외로 구성합니다.

이 경우, 단순히 1~2세대의 공실에도 사실 타격이 크지 않고 단지 수익률이 조금 훼손될 정도입니다. 그리고 1인 주택에 대한 수요는 역세권의 경우 꾸준하며, 이로 인해 공실 기간도 길어야 몇 개월에 지나지 않습니다. 물론, 세대가 많다면 관리의 번거로움이 동반되기는 합니다만, 월세라는 달콤한 수익을 생각한다면 그 정도의 불편함은 감내할 수 있지 않을까요? 그리고 최근 이러한 다가구·다중주택의 임대도 체계적 관리해주는 업체가 생겨 일정 부분의 지출을 감안할 수 있다면, 수고로움을 덜 수 있습니다.

넷째, 투자 분석을 통한 안정적인 차익 선확보가 가능합니다.

신축 사업은 기존의 낡고 오래된 구옥 또는 나대지 상태에 있는 부동산을 신축을 통해 부가가치를 창출하는 과정이며, 이 과정 중 필연적으로 가치 상승이나 안전 마진이 생성됩니다.

그러나 그것에 대한 전제가 있습니다. 이 신축 프로젝트가 안정적인 차익을 발생할 수 있는지, 사업지에 대한 투자 분석이 선행되어야 합니다. 이런 제대로 된 투자 분석 없이 수익률만 보고 시세차익이 거의 없는 곳에 투자한다면, 시간이 지날수록 떨어지는 건물의 감가상각 금액을 토지 금액이 받쳐주지 못해 본인의 건물값을 월세로 받은 것에 지나지 않을 것입니다.

2장

꼬마빌딩
신축 사업,
이것만은
알고 시작하자

신축 사업에도
트렌드가 있다

신축 사업 규모의 변화

2014~2015년만 해도 서울 시내, 특히 원룸 시장은 반지하 1층부터 지상 3층 규모의 다중주택이 대세였습니다. 일단 다중주택의 경우, 세대당 0.5대 이상의 주차를 요구하는 다가구주택이나 다세대주택보다 완화된 주차 규정으로 50평 대지에 2대의 주차공간만 확보해도 15세대 이상의 원룸을 합법적으로 만들 수 있었기 때문입니다.

그리고 반지하의 경우, 용적률에서 제외되기 때문에 수익률 향상을 위해 반지하와 옥탑을 적극적으로 활용하는 수준에 그쳤습니다. 3층까지만 짓는 이유는 다중주택이 3개 층까지만 법적으로 허용되었고, 3층까지는 일조 사선의 제한을 받지 않고 네모반듯하게 건물을 올릴 수 있기 때문입니다.

2014~2015년쯤 서울시 주요 지하철역 역세권 도보 5분 거리에 입지한 토지도 평당 1,500만 원 내외였습니다. 즉 반지하, 3층만 구성해도 충분히 원금을 회수하고 월 200~300만 원은 충분히 나올 수 있는 신

축 부지가 많았고, 매도 시에도 요구 수익률이 8~10%나 되었습니다.

그러나 어느 순간 아파트 가격이 상승하면서 토지 가격은 아파트 가격보다 더 가파르게 상승하기 시작했습니다. 1년이 지나면 평당 2,000만 원, 또 1년이 지나면 2,500만 원, 이런 식으로 최근에는 사당역, 서울대입구역, 신림역의 입지 좋은 2종 일반 주거 지역의 토지의 경우, 3,000만 원대 후반을 호가하고, 북도로 접한 땅은 4,000만 원도 넘게 되었습니다. 이렇게 되니, 더 이상 반지하와 지상 3층의 전통적인 구조로는 수익률을 맞추기 힘들어지게 되었습니다. 그래서 나온 것이 근생다중입니다. 다중주택을 3개 층을 넣고, 나머지 1개 층은 근생을 넣어 주차대수를 최소화해 층수를 높여 수익률을 높이는 구조입니다.

기존에는 3층까지만 지어도 수익률을 충분히 확보할 수 있었지만, 4층 또는 5층까지 구성을 고려하다 보니 일조 사선에 제한을 덜 받는 북도로 땅의 가치가 빛을 발하게 되었습니다. 그리고 매도에 필요한 수익률도 예전의 8~10% 수준에서 5% 수준으로 낮아지게 되었습니다.

이 지점에서 2016~2017년쯤에 지은 신축을 보유하고 있는 분들은 엄청난 호황을 맞게 됩니다. 그때까지만 해도 토지 시세가 1,500~2,000만 원 미만이었고, 공사비 또한 평당 400만 원 내외였는데, 그 이후 토지 시세 급등과 건축비 상승으로 인해 10%에 맞춰서 매매하던 신축주택을 5%만 맞춰도 매매할 수 있게 되었습니다. 기존 40~50평 토지에서 신축 후 10~15억 원 내외에 매도 가능했던 것이 20~25억 원에 매도가 가능한 구조로 되었습니다. 정말 그때가 신축의 황금기가 아니었나 생각합니다.

또한, 최근 정부의 부동산 가격 억제 정책으로 시행된 취·등록세 중과와 종합부동산세 중과 등의 정책으로 인해 주택에 대한 투자 메리트가 감소하게 되었습니다. 이러한 투자 메리트 감소에 대한 대안으로 등장한 것이 바로 건설 임대 사업입니다. 앞에서 다중주택에 대해서 설명해드렸으나 건설 임대 사업은 다세대주택이나 다가구주택으로 구성 시 가능한 사업으로, 건설 임대 사업자 등록 시 종부세합산 배제, 취·등록세 환급, 재산세 감면, 그리고 장기보유 특별공제 및 양도세 중과제외 등의 여러 가지 혜택이 있어 현재의 부동산 규제를 벗어날 수 있는 유일한 대안이 되고 있습니다.

신축 사업의 방 구성 변화

2015~2016년만 해도 원룸을 최대한 많이 넣어서 수익률을 엄청나게 늘리는 것이 대세였습니다. 원룸 건물의 경우, 요구 수익률이 10%에 육박했기 때문에 전용 4평 이하의 원룸을 많이 신축했습니다. 그리고 보증금 확보용으로는 거실 1, 방 2개의 투룸 구조를 구성했습니다.

그러나 토지 가격이 오르고 매수자 또한 요구 수익률이 5%로 낮아지면서 수익성과 쾌적성에 대한 조화를 생각하기 시작합니다. 원룸 세입자들 또한 기존에는 낮은 월세만 보고 들어왔다면, 점점 방 사이즈에 대한 최소한의 요구사항이 생기기 시작합니다. 혼자 사는 세입자라도 어느 정도 자금의 여유가 있으면, 단순한 원룸 구조보다는 거실과 침실이 구분된 1.5룸을 선호하게 되었습니다. 그리고 투룸 이상의 경우에는 신축빌라가 많이 생기게 됨에 따라 원룸 건물에서 더 이상 투룸 이상은 잘 구성하지 않게 되었습니다. 투룸 이상 거주하는 분들은 주차를 원하는 경우가 많은데 다세대주택의 경우는 세대당 1.5대의 주차공간이 확보되지만, 다중주택은 15세대 정도에 2대 정도의 주차를 구성해도 충분하기 때문에 투룸 구성 시 빌라와의 경쟁에서 이기기 어려운 구조였기 때문입니다. 원룸의 경우에도 면적을 최소 4.5평 이상을 구성하고, 5평 이상을 통한 분리형 원룸을 구성하는 게 대세로 자리 잡아갔습니다.

또한, 그동안 다중주택의 절대적인 수익을 보장해주던 반지하를 과감하게 구성하지 않은 건물이 생겨나기 시작했습니다. 건축법이 더욱더 까다로워지면서 반지하의 경우 그동안 크게 규제사항이 없었는데, 이제는 굴토심의를 받고, 보링을 통한 토질 검사까지 받아야 해서 시간과 비용이 기하급수적으로 늘어나게 되고, 원룸이 많아지면서 반지하의 선호도가 낮아져 반지하의 공실이 늘어났기 때문입니다.

이에 이러한 반지하와 1층에 대한 단점을 보완하고 수익률의 장점을 높이는 방법에 대한 모색이 시작되었습니다. 원룸 건물의 경우에는 나홀로 원룸이라기보다는 주택가나 원룸촌에 형성되기 마련입니다. 이런 주택가 밀집 지역의 특성은 1인 가구의 비중이 절대적으로 높습니다. 이런 것에 힌트를 얻어서 최근에는 원룸 건물의 반지하나 1층에 온전한 근생의 기능을 넣는 경우가 많습니다. 원룸 지역에서 잘되는 무인점포를 임대하거나 직접 창업을 하기도 합니다. 예를 들어, 무인코인세탁이나 무인아이스크림 가게, 무인반찬 및 밀키트, 무인카페, 공간대여 등입니다.

토지가가 높은 서울에서 다중주택만큼 수익성이 좋은 주택은 없습니다. 그러나 다중주택의 경우, 각 방에 독립 세대를 구성하지 못하는 한계(화구 설치 금지)와 1주택이지만, 전체 구성이 하나의 세대로 되어 84㎡가 넘어 세무적으로 혜택을 받지 못하는 한계 등으로 인해 좀 더 다양한 방법을 구성하기 시작했습니다. 그래서 나타난 최근 트렌드는 다세대주택의 몸값 상승입니다. 지난 1년 동안 급격히 상승된 전세가로 인해, 그동안 원룸 또는 1.5룸 구성이 최적의 조합이라고 생각하던 업자들이 점차 투룸 이상의 구성도 수익성이 날 수 있다는 자신감을 갖게 되었습니다.

사실 다세대주택의 경우, 역세권 5분 내의 초역세권에 위치하는 것보다는 10분 이상의 입지에 많이 지어지는 게 사실입니다. 일단 다세대주택의 경우, 최적의 토지는 최소 80평 이상 확보가 되어야 하는데, 서울에서 잘게 쪼개진 지역, 그것도 초역세권에서 이러한 땅을 찾기 힘들 뿐만 아니라 시세도 높기 때문입니다. 그리고 다세대주택의 경우, 어느 정도 주차가 확보되어 도보 또는 버스 등을 이용하지 않고 자차를 이용하는 세입자들이 많기 때문에 역세권에서 조금 멀어져도 크게 임대나 매매에 어려움을 겪지 않습니다. 그래서 다세대주택를 주로 짓는 건축업자들과 다중주택을 주업으로 하는 건축업자가 나누어진 상황이었는데, 최근에는 다세대 빌라에 대한 쏠림현상이 좀 더 심해졌습니다.

다세대주택의 몸값이 올라간 이유는 최근 서울 아파트 전세가 및 매매가 급등에 따라, 서울 주요 지역의 빌라 매매 또는 전세 임대로 신규 유입이 급속하게 들어와 빌라 매매가와 전세가가 급등했기 때문입니다. 일시적 영향일 수 있으니, 투자에는 조금 더 신중함을 기해야 하겠습니다. 토지 시세는 좀 높더라도, 초역세권 주택밀집 지역에 가시성이 좋은 토지를 사서 1층과 지하를 근생으로 활용할 수 있고, 그 위에 다중주택이나 다가구주택을 구성하는 것이 장기적으로 개인들이 접근하기에는 좋은 방법이 아닐까 생각해봅니다.

무이자 월세 대출이
원룸 사업에 미치는 영향

2021년 8월, 연 소득 5,000만 원 이하 청년에게 무이자 월세 대출을 제공하겠다는 정부계획이 발표되었습니다. 단순한 수평 비교가 가능할지는 모르겠지만, 몇 년 전부터 활성화된 전세자금 대출의 사례와 비교해볼 수 있을 것 같습니다.

현 정부에 들어오면서 이러한 월세 대출처럼 낮은 수준의 이자로 대출을 받을 수 있는 청년전세자금 대출 등이 시행되었습니다. LH전세자금 대출, 중소기업 전세자금 대출 등의 이름으로 정부나 지자체 등의 기금 등을 활용해 전세자금을 저금리로 대출해주는 서비스입니다.

보통 원룸의 경우, 중소기업청 전세자금 대출을 많이 이용하기 때문에 그에 대한 예를 들어보겠습니다. 중소기업청 전세자금 대출은 1억 원을 대출받고 월 10만 원 정도의 이자를 내는 상품으로, 이것이 출시되고 원룸의 임대 시장에 일대 변혁이 일어납니다.

첫째, 임대 시장의 구성이 기존 월세 위주에서 전세 위주로 재편됩니다. 1억 원까지는 월 10만 원의 이자만 내면 되기 때문에 중소기업에 다니고, 일정 조건만 되면 월세(보통 서울 기준 보증금 1,000만 원, 월세 50만 원 정도)를 내지 않고 전세로 들어가면 같은 수준의 원룸을 아주 저렴하게 구할 수 있기 때문에 세입자들은 월세보다 전세를 선호하는 쏠림 현상이 심해졌습니다.

둘째, 전세가가 급등했습니다. 보통 4.5평의 원룸의 경우, 서울대입구역의 주요 원룸 시세 기준으로 중소기업청 등의 전세자금대출이 있기 전에는 1억 원 미만이 대세였습니다. 보통 8,000~1억 원 사이가 주를 이루었는데, 중기청 대출이 가능해지고 전세에 대한 수요가 폭발적으로 늘어남에 따라 전세는 지속해서 올라 최근에는 1.3~1.4억 원 수준으로, 50% 이상 단기적으로 급등했습니다.

셋째, 이와 반대로 월세의 상승은 미미하거나 거의 없었습니다. 월세를 찾는 세입자는 감소해 월세는 상승하지 못하고 3~4년 수준인 1,000만 원에 50만 원의 공식을 아직도 벗어나지 못하고 있습니다. 정부의 계획대로 월세 무이자 대출이 실시된다면, 월세 수요는 늘어날 것입니다.

현재 전세의 경우, 은행 대출이긴 하지만, 큰돈이 건물주에게 들어가기 때문에 세입자에게는 돌려받는 것에 대한 부담이 있는 것은 사실이라 월세 무이자 대출이 실행된다면, 전세에서 월세로의 이동이 원활해질 것입니다. 그러면서 월세 금액도 상승할 것입니다. 그동안은 월세 50만원이 보이지 않는 천장으로 작용했는데, 월세 무이자 대출은 이러한 심리적 저항선을 무너트릴 수 있지 않을까 생각합니다. 추후 신축 계획 시이런 부분들을 감안해 방 구성, 전세와 월세의 비중 등에 대한 고민을 추가적으로 해야 합니다.

3

무주택자나 1주택자가
신축 사업을 해야 하는 이유

지금 무주택이라면 가장 필요한 부분은 아마도 내 집 마련일 것입니다. 그러나 최근 주택, 특히 아파트 시세 급등은 내 집 마련을 더욱더 어렵게 만들고 있습니다. 서울 강남권 외 주요 지역의 30평대 신축아파트는 15억 원 전후이며, 웬만한 경기도권 신축 아파트도 10억 원이 넘어가고 있습니다. 또한, 아파트 매수를 하기 위해서는 대출도 쉽지 않아 자기자본이 많이 투입되어야 하는 것도 부담스러운 상황입니다.

그럼 이런 상황에서 아파트 대신에 주택 신축 사업에 도전해보는 것은 어떨까요? 최상층에 주인세대를 구성하고, 그 주인세대에 살면서 아래층은 임대를 통해 임대수익까지 누리는 것입니다. 무주택자가 주택을 신축하면 몇 가지 좋은 점이 있습니다

첫째, 주택 신축 사업을 통해 신축하면 적은 투자금으로 나만의 멋진 신축 꼬마빌딩을 가질 수 있습니다. 주택 신축 사업은 토지와 건설자금으로 2금융권을 활용한다면, 약 70% 정도의 레버리지를 이용 가능할 수 있습니다. 즉 서울 시내 역세권 평당 3,000만 원짜리 토지 40평을 매

수해서 4층짜리 건물을 신축한다고 가정합니다. 토지 매수비 12억 원, 건축 비용 7억 원, 기타 잡비 1억 원으로 약 20억 원의 사업비가 발생합니다. 대출로 70%인 14억 원을 충당한다면, 6억 원 정도의 자기자금이 필요합니다. 즉 6억 원을 투자하면, 서울 시내 역세권 요지의 땅에 40평대 4층 건물을 소유하게 됩니다. 게다가 완공되면 각 층당 원룸 4개씩 12개의 원룸과 아파트 30평 정도의 주인세대를 가질 수 있습니다. 4층 위의 옥탑을 활용하고 옥탑 이외의 공간은 테라스나 마당으로 꾸며 내 전용의 정원이나 공간도 가질 수 있습니다.

서울 시내 원룸 전세 시세가 1.3~1.5억 원 내외로 신축을 하기 위해 발생된 14억 원의 대출금과 자기자본 투입금 5~6억여 원을 일부 상환하고 8억 원 정도의 대출을 남기게 되면 대출금 8억 원, 2~3층 8개를 전세로 돌리면, 12억 원이 회수되어 20억 원 투자금은 바로 회수 가능하게 됩니다. 그리고 수익으로 남는 것은 1층 원룸 4개는 보증금 1,000만 원, 월세 50만 원 수준으로 4,000만 원의 보증금과 200만 원, 그리고 12세대 관리비 60만 원 정도입니다. 이것으로 8억 원에 대한 이자 233만 원(대출 금리 3.5% 가정)을 제하면, 47만 원 정도밖에 남지 않지만, 투자금을 다 회수하고 오히려 4,000만 원의 보증금이 목돈으로 생기게 됩니다.

둘째, 자기자금을 들이지 않고 거주할 수 있습니다.
보통 서울에 한 가족이 거주하려면 적게 잡아도 4~5억 원 정도의 거주 비용이 발생하게 됩니다. 그러나 신축을 하게 되면, 신축을 통해서 얻은 원룸, 투룸의 임대세대를 통해 전세와 월세를 받아서 앞에서 언급한 대출과 투자금을 회수하고 나만의 멋진 주인세대를 가질 수 있습니다. 이러한 주인세대의 구성으로 30평대 이상의 면적과 나만의 테라스,

그리고 아무나 가질 수 없는 옥탑 공간까지 가질 수 있습니다. 그리고 이렇게 절약된 거주 비용 4~5억 원을 다른 투자의 자본금으로 활용해 자산을 증식시킬 수 있습니다.

셋째, 토지로 인한 시세차익을 얻을 수 있습니다.

토지는 한정되어 있고, 역세권의 토지는 항상 대기수요가 있습니다. 그래서 불황기에는 잘 떨어지지 않고 호황기에 폭등합니다. 이러한 안정적인 부동산 자산의 보유로 인플레이션과 화폐가치 하락 시 더 많은 시세차익을 얻을 수 있게 됩니다.

넷째, 취·등록세를 절감할 수 있습니다.

작년 정부의 부동산 세제 강화로 인해 2주택자는 주택 취득 시 8%, 3주택 이상자는 12%, 그리고 법인세는 최고 세율을 부과하게 됩니다. 그러나 무주택자는 매매가 6억 원 이하는 1.1%, 6~9억 원은 1.2~3.2%, 그리고 9억 원 이상은 3.5%입니다. 즉, 토지취득을 위한 구축 매수 2주택자나 3주택자보다는 절대적으로 적은 취·등록세를 낼 수 있기에 이러한 취·등록세에 대한 절감을 이익으로 가져갈 수 있습니다. 1가구 1주택자라도 조정 지역(서울, 경기권 전역)에서 1년 이내 기존 주택을 매도한다면, 무주택자가 주택을 취득하는 것과 같은 조건으로 취·등록세를 낼 수 있어서 무주택자와 같은 효과를 얻을 수 있습니다.

다섯째, 종부세 부담에서 어느 정도 벗어날 수 있습니다.

주택 신축 후 5년이 지나면, 주택 신축 판매업에서 주택임대업으로 변경됩니다. 주택임대업으로 변경되면 종합부동산세에 대한 부과가 진행됩니다. 그러나 1가구 1주택자의 경우, 공시가 9억 원까지는 종부세 부과에서 제외됩니다. 사실 서울 시내의 대지지분 40~50평대의 경우 공지시가는 대개 6~9억 원 이내에 대부분 들어 있어서 현재까지 1가구 1주택을 유지할 경우, 종부세는 전혀 부담이 되지 않습니다.

여섯째, 주택임대 수익에 대해 비과세를 받을 수 있습니다.

1가구 1주택자의 경우, 공지시가 9억 원 이하 시 주택임대수익은 전액 비과세됩니다. 즉, 신축 후 임대수익에 대해 연간 1,000만 원이든 5,000만 원이든 전액 비과세 혜택을 받을 수 있습니다. 이렇게 혜택이 많은데 무주택자분들이 신축 사업을 하지 않을 이유가 있을까요?

금리 상승기에도 유효한 투자, 주택 신축 사업

미연방준비위원회는 코로나로 인한 경기 침체를 해소하기 위해 그동안 무제한 양적 완화와 제로금리 정책을 시행했습니다. 하지만 현재는 경기 침체에서 벗어나 실업률도 점차 안정세에 접어들고 있고, 무엇보다 인플레이션이 우려되어 양적 완화를 축소하고, 금리를 인상하는 정책을 취하고 있습니다. 이렇게 금리 인상이 예고되는 상황에서 많은 분이 자산 가치가 급락할까 봐 걱정하고 있습니다.

그러면, 우리는 왜 금리 인상을 두려워할까요?

특히 수익형 부동산에 투자하고 있는 분들은 금리 인상이 너무나 무섭습니다. 그것은 수익률을 엄청나게 훼손하기 때문입니다. 물론 경기가 엄청나게 좋아서 임대료를 이자 상승률보다 더 많이 받을 수 있는 구조라면, 당연히 금리 인상기를 전혀 두려워할 필요가 없습니다. 그러나 실제로 금리 인상은 가파르게 올라가더라도 임대료를 그에 맞춰서 탄력적으로 가파르게 올리기란 쉽지 않습니다. 그렇기 때문에 수익형 부동산 투자자들은 금리 상승을 두려워합니다. 특히 지식산업센터, 상가, 그리고 꼬마빌딩 등과 같은 전통적인 수익형 부동산의 경우 해당 자산의 80% 이상을 레버리지를 일으켜 매입합니다.

예를 들면, 10억 원짜리 수익형 부동산을 매수한다고 가정하면, 총금액의 80%인 8억 원을 대출받고, 2억 원의 자기자금을 투입하게 됩니다. 현재 2.5%의 대출이자를 사용해 수익률이 5%라고 가정한다면, 다음과 같습니다.

수익형 부동산의 수익률표(1)

매매가	10억 원	비고
대출 금액	8억 원	
자기자본	2억 원	
연 순임대수익	0.3억 원	
연 대출이자(2.5% 시)	0.2억 원	8억 원×2.5%
순수익	0.1억원	연 임대수익−대출이자
연간 순수익률	5%	0.1억 원/2억 원(자기자본)

여기에 미연준이나 한국은행 또는 외부 요인에 의해 이자율이 1% 상승해 3.5%가 된다면 어떻게 될까요?

수익형 부동산의 수익률표(2)

매매가	10억 원	비고
대출 금액	8억 원	
자기자본	2억 원	
연 순임대 수익	0.3억 원	
연 대출이자(3.5% 시)	0.28억 원	8억 원×3.5%
순수익	0.02억 원	연 임대수익−대출이자
연간 순수익률	1%	0.02억 원/2억 원(자기자본)

앞의 표에서 보이는 바와 같이 우리의 순수익은 1,000만 원에서 200만 원으로 급격히 감소하고, 자기자본 대비 수익률도 5%에서 1%대로 하락하게 됩니다. 이렇게 될 경우, 시장 요구 수익률이 여전히 5%가 된다고 하면, 우리의 자산가치가 하락할 수밖에 없는 상황에 직면하게 됩니다(여기서 임대수익을 더 향상시킬 수 있다면, 그 부분은 논외로 하겠습니다). 또한, 추가적인 대출이자 상승은 수익은커녕 자기 돈으로 대출이자를 갚아야 하는 상황이 발생될 수도 있습니다. 따라서 금리 상승기에는 대출 레버리지를 풀로 사용하는 지식산업센터나 꼬마빌딩, 상가 등의 투자는 정말 조심해야 합니다. 이것은 수익형 부동산뿐만 아니라, 레버리지를 크게 일으키고 있는 모든 부동산에 해당한다고 할 수 있습니다.

그렇다면 주택 신축 사업은 어떨까요? 주택 신축 사업만이 가진 장점이 있기 때문에 어렵지만 슬기롭게 헤쳐나갈 수 있습니다.

첫째, 주택 신축 사업은 일반 매매보다 더 싸게 신축을 하기 때문에 차익을 선확보하고 시작합니다. 일반 수익형 부동산 매매 시보다 신축을 함으로써 주변 신축주택 매매 거래가보다 적게는 수억 원에서 많게는 수십억 원에 이르기까지 선차익을 확보하고, 임대 완료 시에는 내가 투입한 자본을 다 회수하고 남은 부분 만큼만 월 수익으로 하기 때문에 안정적인 운영이 가능합니다.

둘째, 주택 신축 사업의 장점과 임대 시 전세 제도를 100% 다 활용할 수 있습니다. 전세와 월세를 탄력적으로 대응할 수 있기 때문에 향후 대출이자가 상승될 것으로 예상되면, 그전에 월세로 받던 것을 전세로 전환하고, 이렇게 받은 전세보증금의 대출을 상환하게 되면 급등하는 대출이자를 감소시키며 이자 부담을 줄일 수 있습니다.

5

소규모 신축 사업 성공 키워드,
명확한 목표 설정

　신축 사업을 하고자 한다면, 신축 사업의 목표를 명확히 설정할 필요가 있습니다. 자신이 무엇을 원하고 무엇 때문에 신축 사업을 하는지에 따라 구해야 하는 토지의 크기와 입지, 그리고 예산 등이 달라지기 때문입니다.

　사실 주택 신축의 목적은 개인별로 천차만별입니다. 순전히 매도를 통한 매도차익에 있을 수도 있고, 내가 원하는 나만의 꼬마빌딩을 좀 더 낮은 가격에 보유함으로써 지속적인 현금 흐름 유입에 목적이 있을 수도 있습니다. 마지막으로 이의 중간지점인 신축의 가치가 남아 있는 동안 3~5년을 보유하고, 그 이후 매각을 고려하는 목적이 있을 수도 있습니다. 그리고 최상층 한 층에 주거를 목적으로 할 수도 있고, 완전한 수익률로 갈 수도 있습니다. 이러한 목적에 따라 주택 신축 전에 고려해야 하는 사항이 아주 많습니다.

　각각의 목적에 따라 좋지 않은 토지가 가장 적합한 토지가 될 수도 있고, 일반적으로 우수한 토지라도 나에게는 맞지 않는 토지가 될 수도 있습니다. 따라서 신축을 하고자 할 때는 자신의 목적과 투자 상황을 정확히 정하는 것이 가장 중요합니다. 간단하게 상황별로 정리해보겠습니다.

주택 신축 판매업으로 신축 후 단기 매도 전략
(신축 후 1년 이내 매도 목표)

신축 사업의 장점은 토지를 매수하고 신축이라는 부가가치를 창출함으로써 생산자로서의 차익을 선확보할 수 있다는 점입니다. 저는 이것을 안전마진(어떠한 상황에서도 낼 수 있는 잠재수익 수준)이라고 칭해보도록 하겠습니다. 주택 신축을 통해 단기 매도 시에는 이러한 안전마진을 최대한 확보하는 전략을 구사하는 것이 중요합니다. 모든 측면을 가성비 위주로 고려해 진행하고, 이때는 입지의 중요성보다는 입지는 좀 떨어지더라도 토지를 얼마나 싸게 살 수 있느냐가 중요할 수 있습니다. 그리고 세대 구성도 수익률이 최대한 나올 수 있는 원룸 또는 다중주택 개념으로의 접근이 필요합니다. 신축건물을 구매하고자 하는 매수자들은 어쩔 수 없이 수익률로 매입하게 됩니다. 다른 매물보다 수익률이 월등하게 높다면, 입지의 불리함을 상쇄할 수 있으며, 수익을 극대화할 수 있습니다.

다시 말해, 토지는 최상급 입지의 높은 가격 수준의 토지보다 입지가 좀 떨어지더라도(역세권에서 10분 거리 이상, 주요 상업 지역 통근시간 30분 이상 거리) 저렴하게 매입하는 것에 집중하고, 내부 구성도 소형 원룸 위주로 구성해 월세 현금 흐름과 수익성을 높이는 작업이 필요합니다. 또, 신축의 경우 퀄리티 높은 자재 구성보다는 주변 신축 건물의 퀄리티 수준에 맞춰서 건축비도 최대한 낮춰 신축 건물에 대한 수익성을 극대화하는 전략이 필요합니다.

중기 보유 및 매도 전략(신축 후 3~5년 이내 매도 시)

일정 기간 보유 후 매도하는 경우인데, 이 전략의 장점은 신축 후 임대가 가장 원활한 시기에 매도할 수 있다는 것입니다. 3~5년 동안 월세 현금 흐름을 지속해서 만끽할 수 있으며, 신축이라는 메리트가 떨어지기 전에 매도할 수 있습니다. 신축 건물의 몸값이 가장 높은 시기이고, 3~5년 동안 지가 상승에 대한 이익도 추가적으로 얻을 수 있습니다. 이 경우에는 밸런스에 집중해야 합니다. 가장 중요한 입지를 우선시하지만, 그렇다고 수익률을 놓쳐서도 안 됩니다. 왜냐하면, 입지(역세권에서 5~10분 이내, 주요 중심 상업 지역 통근 거리 30분 이내)로 인한 지가 상승과 수익률이라는 2마리 토끼를 둘 다 적절하게 잡아야 하기 때문입니다. 그래서 토지 매입 검토 시에는 수익률 분석을 통해 시장의 요구 수익률인 자기자본 투자 후 5%의 수익률에 맞춰서(매도 차익이 최소 2~3억 원 정도) 매입 여부를 결정하고, 시간 흐름에 따라 추가적인 시세 상승을 노리는 전략을 추천해드립니다.

장기 보유 전략

장기 보유의 측면에서는 무엇보다 입지가 중요합니다. 비록 높은 가격에 토지를 매수함에 따라 수익률은 하락하더라도 입지가 우수하다면, 장기 보유에 따른 안전한 임대가 가능하게 됩니다. 또한, 입지가 우수하게 된다면 건물의 감가보다 토지의 시세 상승분이 더 크게 되며, 이로 인해 향후 건물 노후화에 따른 가치 하락에 충분히 대비할 수 있게 됩니다. 장기 보유를 원한다면 종부세 혜택을 받을 수 있는 건설 임대등록을 고려해보는 것을 추천해드리며, 그러려면 다가구주택이나 다세대주택으로 접근하는 전략이 필요합니다(다세대주택은 건설 임대 등록 시 취득세 환급 가능).

주택 신축은 목적에 맞는 토지 매수, 건물 및 내부구성이 필요하기 때문에 주택 신축을 고려하고 있다면, 신축의 목적과 방향에 대한 진지한 고민이 선행되어야 합니다.

3장

신축 사업의
성공 마스터키,
토지 매입 노하우

토지 매입 경로 및 노하우

토지를 매입하는 가장 일반적인 경로는 신축 토지 전문 부동산 중개 사무소를 이용해 신축 부지를 매입하는 것입니다. 아파트도 아파트를 전문으로 하는 부동산 중개사무소가 있듯이, 토지도 신축 토지를 전문으로 하는 곳이 있습니다. 이런 부동산 중개사무소들은 그 지역에서 넓은 네트워크와 영향력을 가지고 있는 경우가 많습니다. 또, 좋은 물건을 보유하고 있는 만큼 이런 주택 사업을 주업으로 하는 지역 건축업자와 긴밀한 관계를 형성해 가성비가 좋고, 수익성이 나는 토지가 나올 경우, 대부분 일차적으로 건축업자에게 정보를 제공합니다. 일반인의 경우 고민하는 데 시간이 오래 걸리고, 이것이 매수로 이어지는 데까지도 오래 걸리지만, 이런 분들은 사업성 검토 등 의사결정이 빨라 매수가 잘 이루어지기 때문입니다. 그리고 다른 지역에서 온 외지인에 대한 경계도도 높을 수 있습니다.

따라서 가성비 있는 좋은 토지를 매수하려면 이러한 부동산업자들과 친분을 높여야 합니다. 처음에는 문전박대당하기 일쑤지만, 꾸준히 찾아가서 신축에 대한 진정성을 보이고, 또한 좋은 토지를 소개해줄 경우, 기존의 건축업자보다 더 많은 부동산 수수료 지급을 약속한다면 분명 가성비 있는 토지를 구할 수 있을 것입니다.

토지 매입 부동산을 찾기 위해서는 처음부터 현장을 다니며 물건을 찾는 것보다는 네이버 부동산으로 일단 괜찮은 토지들을 찾아보고, 괜찮은 물건을 가지고 있는 부동산 중개사무소를 중심으로 그 중개사무소가 매물로 내놓은 물건들을 확인해보며 신축 부지를 찾는 것이 좋습니다.

하나의 중요한 팁을 드리자면, 신축 대상 지역을 선정하고 그 지역의 역세권의 깨끗한 부동산 중개사무소에도 물론 가봐야겠지만, 오래된 주택 인근의 허름한 중개사무소를 주요 타깃으로 삼는 것도 방법입니다. 이러한 곳들은 한곳에서 오래 중개사무소를 하시며 연세 있는 분들이 운영하는 경우가 많은데, 이러한 분들이 오히려 보석처럼 반짝반짝 빛나는 토지를 갖고 있을 경우가 있습니다. 왜냐하면, 단독주택이나 다가구주택 등 신축주택 부지를 가지신 분들은 대부분 70대 이상의 연세가 많으신 분들입니다. 보통 그 동네에 오래 살며 그 부동산 중개사무소에서 임차를 맞추고 한 경우가 많기 때문에 매매를 내놓을 때도 동네에 오래 거래해오던 중개사무소에 내놓는 경우가 많기 때문입니다.

다음은 경매로 검색해 신축 부지를 매입하는 방법도 있습니다. 경매에 나오는 단독주택 물건 자체가 많지 않기 때문에 원하는 지역이나 평수를 지정해 매입할 수는 없지만, 잘 선택하면 시세보다 저렴하게 토지를 매입할 수 있습니다. 단독주택을 경매로 매입할 때는 기본적인 권리분석을 통해 물건 자체에 문제가 없는지 확인하고, 매입 물건과 마찬가지로 입지, 개발 호재, 수익성 등을 검토해 예상 낙찰가를 정해 입찰합니다. 놓치기 아까울 정도로 괜찮은 물건이라면, 현장 임장 시 인근 부동산 중개사무소를 방문해 일반 매매로 매입할 수 있는지도 확인해봅니다. 저(열정잇기)도 공존 건물 신축 시 경매로 시세보다 저렴하게 매입했고, 공존 신축스터디에서도 두 분이 경매를 통해 물건을 선정했는데, 한 분은 주변 임대가 등의 철저한 분석을 통해 적정 낙찰가를 결정해 낙찰받았고, 다른 한 분은 주변 부동산 중개사무소를 통해 매도자와 협의해 경매 물건을 일반 매매로 매입했습니다. 원하는 물건을 매입한 방법은 달랐지만, 주변 물건보다 저렴하게 매입한 것은 분명합니다. 이분들은 매입부터 기대수익을 선확보했고, 신축을 통해 다시 한번 더 부가수익을 확보하게 될 예정입니다.

다음은 시공사를 통해 토지를 매입하는 방법입니다. 신축 부지 물건을 많이 확보하고 있는 부동산 중개사무소는 가성비 있는 좋은 토지가 나올 경우, 의사결정이 빠른 건축업자들에게 물건을 많이 소개시켜준다고 앞서 말씀드렸는데, 그렇게 좋은 토지를 소개받은 건축업자들이 본인들의 시공사에서 시공하는 조건으로 해당 토지를 소개시켜줍니다. 일반인이 가성비 있는 좋은 토지를 소개받을 수 있다는 점에서는 매우 매력적인 방법이지만, 이 경우는 해당 시공사에서 시공해야 하기 때문에 시공 견적에 토지 소개비가 반영되어 시공 가격이 다소 높을 수 있고, 시공 조건 협의 시 마음에 들지 않는 조건이 있어도 시공사를 바꿀 수 없어 시공사의 의견을 무조건 따를 수밖에 없다는 단점이 있습니다.

2

토지 검토 시 체크사항
- (1)입지

주택 신축이나 상가주택, 근생건물 등의 신축 후 향후 기대수익에 절대적으로 영향을 미치는 것이 토지 매수입니다. 어떻게 토지를 잘 매수하냐에 따라서 이미 수익률이 정해졌다고 해도 과언이 아닙니다.

신축 시 투입 비용은 크게 토지비, 설계비, 건축비의 세 부분으로 나눌 수 있습니다. 설계비의 경우는 유명한 건축사를 쓰지 않는 이상 평당 10~20만 원 전후로 크게 차이가 없습니다. 건축비의 경우도 근생의 부가세 제외 500만 원 내외, 주택 부분은 650만 원/평당 내외로 크게 차이가 없습니다. 물론 옵션과 내장재 및 기타 자재 품질에 따라 차이가 있지만, 임대를 목적으로 하는 경우에는 중간 정도의 품질을 사용한다는 가정하에 진행한다면 그 편차는 크지 않습니다.

그러나 토지는 다릅니다. 아파트의 경우는 네이버 부동산, 호갱노노 등 여러 좋은 어플이나 시세를 모니터링할 수 있는 플랫폼이 다양해서 비교적 시세가 투명하게 공개되어 있습니다. 그러나 토지의 경우는 바로 인접한 토지도 평당 시세가 수백만 원 차이가 날 수 있습니다. 이유는 일단 아파트보다는 거래 건수가 많지 않고, 비슷한 위치라 해도 토지의 방향, 인접도로의 넓이, 그리고 토지의 용도(2종 일반, 3종 일반 등)에 따라 시세가 다르며, 그것에 대한 가치의 반영과 상황이 다 다르기 때문입니다. 그래서 무엇보다 중요한 것이 좋은 입지의 토지를 비교적 저렴한 가격으로 매입하는 것입니다.

그렇다면 좋은 입지라는 것은 어떠한 입지를 말하는 것일까요?

아파트 기준으로 입지는 역세권, 학세권, 공세권 등을 볼 수 있지만, 주택 신축 사업에서 가장 중요한 요소는 역세권이라고 생각합니다. 주택 신축의 주목적은 임대입니다. 그리고 임대 중에서도 원룸, 1.5룸, 투룸까지가 최대이고, 이것을 임차하려는 가장 큰 수요자는 20~40대까지의 1인 가구 직장인입니다. 이러한 직장인들이 집을 구할 때, 가장 먼저 보는 요소는 지하철에서의 거리입니다. 기본적으로 역에서 가까울수록 선호도가 높은 것은 당연합니다. 그리고 역에서 가까울수록 향후 시간이 지남에 따른 지가 상승이 역에서 먼 곳보다 높을 수밖에 없다고 생각합니다.

그림, 역세권 중에서도 어떤 역세권을 중심으로 알아보아야 임대를 잘 맞출 수 있을까요? 지하철 노선 중에서도 일자리가 많은 2호선, 4호선, 7호선, 9호선 주요 역 500m 이내에 있는 토지를 매수할 수 있다면 절대 실패가 없는 입지라고 생각합니다. 이 노선의 특징은 주요 중심 지역(강남, 명동, 시청, 여의도, 용산 등)이 30분 이내에 통근이 가능하고, 이런 지역일수록 수요가 많고 임대가가 높아 안정적 임대 관리 및 지가 상승을 누릴 수 있습니다.

그러면 500m가 넘는 1km, 즉 도보로 10분 이상 되는 토지 중에 비교적 저렴한 좋은 땅을 발견했다면, 어떻게 해야 할까요? 500m가 넘는다고 무조건 안 된다고 생각할 것이 아니라, 가성비가 있다고 판단되면 10분 정도 거리의 주요 수요층에 대해 생각해야 합니다. 그 수요층은 자기 차량을 보유하고 있는 직장인, 신혼부부, 2인 가구 이상을 대상으로 해야 합니다. 이때는 다가구·다세대주택으로 1.5룸이나 투룸 위주로 구성하고 1층을 필로티로 구성해 주차 공간을 최대한 확보하는 전략을 구사한다면, 성공 확률을 높일 수 있습니다. 특히, 최근에는 아파트 전세가가 급등해 투룸 이상의 전세가는 빌라와 주택으로도 그 상승세가 이어지고 있어 수익률 증대가 기대되고 있습니다.

입지별 차별화된 전략 구사

구분		주요 전략
역세권	500m 이내	다중주택 위주(최소한의 주차 구성, 최대의 임대 세대 구성) : 소형 원룸 또는 1.5룸 위주 룸 구성을 통한 수익 극대화 전략 구사
	500m 이상	다가구주택, 다세대주택 위주(1층 필로티 구조를 통한 최대한의 주차 구성, 상대적으로 넓은 룸 구성) : 투룸, 쓰리룸 위주 신혼 세대나 2인 이상의 임차인 위주 및 자차를 이용하는 임대인 대상 가성비 추구
중심 지역 거리	주요 노선	임대 수익보다는 매매 차익에 주력
	비주요 노선	가성비 위주의 월 수익 극대화 전략

3

토지 검토 시 체크사항
- (2) 수익률

주택 신축 투자 시 가장 중요한 것은 입지이고, 그다음 중요한 것은 수익률입니다. 하지만 사실 서울 시내에서는 수익률만 가지고 신축 투자를 할 만한 곳이 많이 남아 있지 않습니다. 서울보다는 수도권 또는 지방 광역시 일부를 노리는 것이 좋습니다. 수도권이나 지방 광역시 일부는 주택 신축을 하는 경우, 아직도 투자 수익률이 10%가 넘는 곳이 많습니다.

그렇다면 왜 수익률이 먼저가 아닐까요?

주택 신축 사업의 목적은 안정적인 임대수익도 있지만, 더 큰 것은 바로 토지의 힘, 즉 시간이 지남에 따라 토지의 시세 상승에 더 큰 비중을 두고 있습니다. 토지의 시세 상승은 수익률보다는 토지가 위치한 입지의 힘에 따라 상승 폭이 좌우되기 때문입니다. 실제로 지방이나 수도권의 다중주택 또는 다가구주택의 경우, 신축 후 건물분의 감가분이 지가 상승분보다 높아서 향후 매도하기가 힘들 뿐 아니라, 매도가 되더라도 시세차익이 그리 크지 않은 경우가 많습니다. 그러나 서울 핵심 지역의 경우 신축 후 건물의 감가보다 시세 상승세가 훨씬 더 높기 때문에 안정적인 임대수익에 더해 지가 상승에 따른 시세차익을 거둘 수 있습니다. 이것이 바로 신축 시 고려사항에서 입지를 제일 처음에 둔 이유입니다.

하지만 수익률이 전혀 중요하지 않은 것은 아닙니다.

현재 서울 시내 다중주택을 매도하기 위해서는 4~5%의 투자 수익률이 확보되어야 매매가 가능한 상황입니다. 따라서 주택 신축 사업을 계획할 경우, 투자한 원금을 보증금이나 대출로 회수 후 최소 100만 원 이상의 임대수익이 되는 것을 선정합니다. 그렇게 되면, 월 100만 원 즉 연간 1,200만 원의 수익이 창출되고, 매매 시 4%로 환산해서 매매할 경우 3억 원, 5%로 환산해서 매매할 경우 2.4억 원의 안정적인 시세차익을 확보하고 시작할 수 있습니다. 게다가 1~2년 정도의 안정적인 월세수익 창출과 이후 매도 시 지가 상승분을 더해 더 큰 시세차익도 기대할 수 있게 되는 경우도 많습니다.

토지 검토 시 체크사항 - (3)향후 발전 가능성

앞서 주택 신축 사업은 안정적 현금 흐름 창출과 매각 시 시세차익의 2가지 목적을 가진다고 말씀드렸습니다. 이때, 향후 대형 개발 호재가 있는 지역이나 향후 발전 가능성이 큰 곳을 선점한다면 토지의 가치가 증대해 시세차익을 극대화할 수 있습니다. 투자 자산의 경우, 호재의 현실화보다는 기대감으로 상승하는 경우가 많기 때문에 서울시 등 정부에서 발표하는 개발계획 등을 확인하면서 신속하게 정보를 얻기 위해 주기적으로 모니터링하고, 원하는 지역에 대해 지속적으로 관심을 갖는 것이 필요합니다.

앞서 말씀드린 입지, 수익률, 향후 발전 가능성 등을 정확하게 확인하려면 내가 잘 아는 지역으로 접근하는 것도 조사 시간을 줄이는 좋은 방법입니다. 임차 수요, 주요 임차인의 성향, 성별, 수요가 높은 방 사이즈 등을 미리 알고 있다면 신축 부지 매수 시 훨씬 수월하게 매입 검토를 진행할 수 있습니다. 또, 해당 지역의 알고 있는 설계사, 시공사, 부동산 등도 신축 시나 추후 임대 시 많은 도움을 받을 수 있습니다.

건축주가 꼭 알아야 할 법적사항

신축 부지 매입 시 입지가 좋다면 수익률을 따져보아야 하는데, 정확한 내용은 계획설계를 맡겨봐야겠지만, 계획설계를 받기 전에 기본적인 내용을 알아야 계획설계를 받을 만한 토지를 선정할 수 있고, 설계 내용의 큰 줄기를 이해할 수 있습니다.

주택의 종류

주택이란 세대의 구성원이 장기간 독립된 주거생활을 할 수 있는 구조로 된 건축물의 전부 또는 일부 및 그 부속토지를 말하며, 이는 단독주택과 공동주택으로 나뉩니다.

– 단독주택 : 단독주택이란 가정보육시설, 공동생활가정 및 재가(在家) 노인복지시설을 포함하며 다음의 어느 하나에 해당하는 것을 말합니다.
　1. 단독주택
　2. 다중주택 : 다음의 요건을 모두 갖춘 주택을 말합니다.
　　가. 학생 또는 직장인 등 여러 사람이 장기간 거주할 수 있는 구조로 되어 있을 것
　　나. 독립된 주거의 형태가 아닐 것
　　다. 연면적이 330㎡ 이하이고 층수가 3층 이하일 것
　3. 다가구주택 : 다음의 요건을 모두 갖춘 주택으로서 공동주택에 해당하지 않는 것을 말합니다.

가. 주택으로 쓰는 층수 지하층은 제외)가 3개 층 이하일 것. 다만, 1층의 전부 또는 일부를 필로티 구조로 하여 주차장으로 사용하고 나머지 부분을 주택 외의 용도로 쓰는 경우에는 해당 층을 주택의 층에서 제외합니다.

나. 1개 동의 주택으로 쓰는 바닥면적(지하주차장 면적은 제외)의 합계가 660㎡ 이하일 것

다. 19세대 이하가 거주할 수 있을 것

– 공동주택 : 공동주택이란 공동주택의 형태를 갖춘 가정보육시설·공동생활가정·지역아동센터·노인복지시설 및 '주택법시행령' 제3조제1항에 따른 원룸형 주택을 포함하며, 다음의 어느 하나에 해당하는 것을 말합니다.

아파트 : 주택으로 쓰는 층수가 5개 층 이상인 주택

연립주택 : 주택으로 쓰는 1개 동의 바닥면적(지하주차장 면적은 제외) 합계가 660㎡ 를 초과하고, 층수가 4개 이하인 주택

다세대 주택 : 주택으로 쓰는 1개 동의 바닥면적(지하주차장 면적은 제외) 합계가 660㎡ 이하이고, 층수가 4개 이하인 주택

기숙사 : 학교 또는 공장 등의 학생 또는 종업원 등을 위해서 쓰는 것으로서 공동취사 등을 할 수 있는 구조를 갖추되, 독립된 주거의 형태를 갖추지 않은 것

출처 : 찾기 쉬운 생활법령사이트

건폐율

건폐율은 대지면적에 대한 건축 면적의 비율로 보유한 토지에서 얼마만큼의 면적으로 건축할 수 있는지를 나타냅니다. 같은 40평의 땅이라도 주거 지역인지 상업 지역인지에 따라서 건폐율이 달라지므로 토지 가격 차이도 크게 납니다.

건폐율의 공식은 다음과 같습니다.

$$건폐율 = 바닥면적 / 대지면적 \times 100$$

건축법

건축법 제 55조(건축물의 건폐율) 대지면적에 대한 건축 면적(대지에 건축물이 둘 이상 있는 경우에는 이들 건축 면적의 합계로 한다)의 비율(이하 '건폐율'이라 한다)의 최대 한도는 '국토의 계획 및 이용에 관한 법률' 제77조에 따른 건폐율의 기준에 따른다. 다만, 이 법에서 기준을 완화하거나 강화해 적용하도록 규정한 경우에는 그에 따른다.

건폐율

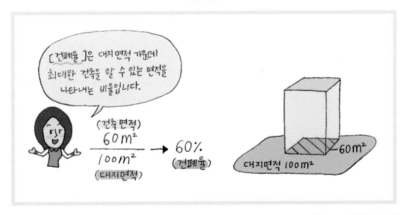

국토의 계획 및 이용에 관한 법률

국토의 계획 및 이용에 관한 법률

제77조(용도지역의 건폐율)
1. 도시 지역
   가. 주거 지역 : 70% 이하
   나. 상업 지역 : 90% 이하
   다. 공업 지역 : 70% 이하
   라. 녹지 지역 : 20% 이하

2. 관리 지역
   가. 보전관리 지역 : 20% 이하
   나. 생산관리 지역 : 20% 이하
   다. 계획관리 지역 : 40%이하

3. 농림 지역 : 20% 이하

4. 자연환경보전 지역 : 20% 이하
건폐율은 '국토의 계획 및 이용에 관한 법률'에는 최소 20%에서 상업지역 90% 이하로 적혀 있으나 실제로는 지자체별로 별도의 기준을 두고 운용을 하고 있기 때문에 반드시 지자체 조례를 확인해야 합니다.

*건축 면적
건물의 외벽이나 이를 대신하는 기둥의 중심선으로 둘러싸인 부분의 수평투영 면적을 말합니다. 대지에 건축물이 둘 이상 있는 경우에는 이들 건축 면적의 합계를 합니다.

연면적

　연면적은 건물의 각 층 바닥면적의 총합계를 의미하는 것으로, 100㎡ 인 대지의 건폐율이 60%라면 바닥면적은 60㎡이 되고, 5층까지 건축이 가능하다면 연면적은 300㎡가 됩니다. 연면적이 높다는 것은 높은 건폐율과 용적률을 적용받아 보유한 토지에 최대한 넓고 높은 건축물을 지었다고 이해할 수 있습니다.

연면적 = 1층 바닥 면적 × 층 수 하나의 건축물 각 층의 바닥 면적의 합계

연면적

출처 : 토지이용용어사전

용적률

　건폐율이 전체 땅에서 어느 정도의 땅을 사용할 수 있는지를 나타내는 것이라면, 용적률은 2차 입체적으로 사용할 수 있는 땅 위로 얼마나

많이 지을 수 있는지를 알 수 있는 지표입니다.

$$용적률 = 건축\ 면적 / 대지면적 \times 100$$

같은 40평이라도 2종 일반 지역인지 준공업 지역인지에 따라 용적률 차이가 크므로 토지가의 차이도 크게 납니다. 건폐율과 용적률이 높을 수록 토지 활용도가 높아지고 그만큼 토지 가치도 높아지게 됩니다.

용적률

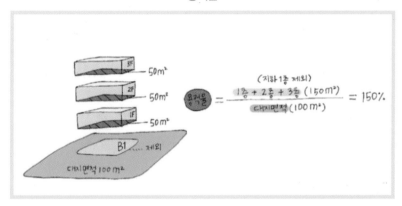

출처 : 토지이용용어사전

다만, 용적률을 산정할 때는 다음에 해당하는 면적은 제외합니다.
① 지하층의 면적
② 지상층의 주차용(해당 건축물의 부속용도인 경우만 해당)으로 쓰는 면적
③ 초고층 건축물과 준초고층 건축물에 설치하는 피난안전구역의 면적
④ 건축물의 경사 지붕 아래에 설치하는 대피공간의 면적

일조권 사선 제한

일조를 확보하기 위해 건축물의 높이를 제한하는 것으로, 전용주거 지역과 일반 주거 지역 안에서 집을 지을 때 주변 건물의 일조권을 확보하기 위해 건물 높이를 제한하는 것입니다.

건축물 높이 9m 이하인 경우 인접 대지 경계선으로부터 1.5m 이상, 건축물 높이 9m 이상인 경우 해당 건축물 높이의 1/2 이상 이격해야 합니다.

일조권 사선 제한

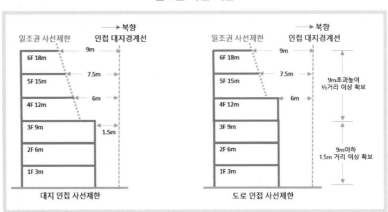

건축선

건축선은 도로와 접한 대지에 건축물을 건축할 수 있는 선입니다. 통상적으로 소요너비 기준인 4m 이상 도로는 대지와 도로의 경계선으로 건축선을 정합니다. 하지만 소요너비에 미달되는 도로의 건축선, 지자체장이 정하는 건축선, 도로 모퉁이의 건축선은 예외적으로 다르게 설정합니다.

* 소요너비에 미달되는 도로의 건축선

도로 양쪽에 대지가 존재하는 경우에는 도로가 소요너비 기준인 4m에 못 미치는 도로인 경우에는 도로가 소요너비 기준인 4m 이상이면 대지와 도로의 경계선이 건축선이 됩니다.

건축선(1)

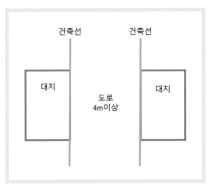

소요너비 기준인 4m에 못 미치는 도로의 경우에는 그 중심선으로부터 그 소요너비 (4m)의 1/2의 수평거리인 2m 만큼 물러난 선을 건축선으로 합니다.

건축선(2)   건축선(3)

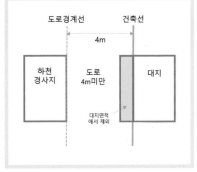

또 도로의 반대편 경사지, 하천, 철도, 선로부지 등이 있는 경우에는 경사지나 하천 등이 뒤로 물러날 수가 없기 때문에 그쪽 편의 도로경

계선부터 소요너비 기준인 4m를 확보하고 건축이 가능합니다. 건축선 후퇴 부분은 대지면적에서 제외시켜 건폐율과 용적률을 산정하게 되어 4m 이하의 도로를 끼고 있는 대지라면 건축선 후퇴에 따라 약간의 손실이 발생할 수도 있습니다.

* 지자체장이 지정하는 건축선
특별자치도지사 또는 시장, 군수, 구청장 등 지자체장이 시가지 안에서 건축물의 위치나 환경을 정비하기 위해 필요하다고 인정하면, 대통령령으로 정하는 범위에서 건축선을 따로 지정할 수 있습니다.

* 코너 건축선
건축법에 의해 너비 8m 미만인 도로의 코너에 위치한 대지의 도로 코너 부분 건축선의 경우, 그 대지에 접한 도로경계선의 교차점으로부터 도로경계선에 따라 아래의 표에 따른 거리를 각각 후퇴한 두 점을 연결한 선으로 합니다. 그리고 건축선 후퇴로 인한 도로와 건축선 사이의 대지면적은 해당 대지의 대지면적 산정에서 제외됩니다. 용적률·건폐율 계산에서도 건축선이 후퇴된 대지면적을 제외하고 계산해야 합니다. 일반적으로 코너 땅을 매우 선호하지만, 코너 땅은 이렇게 가각전제가 되는 부분이 있을 수 있으므로 이것을 감안해야 합니다.

코너 땅의 가각전제(1)

도로의 교차각	도로의 너비		교차하는 도로의 너비
	6m 이상 8m 미만	4m 이상 6m 미만	
90° 미만	4m	3m	6m 이상 8m 미만
	3m	2m	4m 이상 6m 미만
90° 이상 120° 미만	3m	2m	6m 이상 8m 미만
	2m	2m	4m 이상 6m 미만

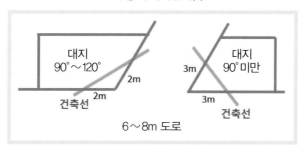

코너 땅의 가각전제(2)

대지 안의 공지

대지 안의 공지는 인접 대지경계선 및 건축선으로부터 일정 거리를 띄어서 건축해야 하는 규정입니다. 인접 대지경계선이나 건축선에서 건축물까지 띄어야 하는 거리를 이격거리라 하고 이격거리만큼의 땅은 사용하지 못하게 되는데, 이 땅을 대지 안의 공지라고 합니다.

내용	주택/비주택 구분	이격거리
다중주택, 다가구주택	단독주택	0.5m
다세대주택	공동주택	1m
상가, 시설	근린생활시설	0.5m

막다른 도로의 길이에 따른 막다른 도로의 너비

막다른 도로의 길이	도로의 너비
10m	2m
10m 이상 35m 미만	3m
35m	6m(도시지역이 아닌 읍·면지역은 4m)

지형적 조건으로 차량 통행을 위한 도로의 설치가 곤란하다고 인정해 시장·군수·구청장이 그 위치를 지정·공고하는 구간 안에서는 너비가 3m 이상(길이가 10m 미만인 막다른 도로의 경우에는 너비가 2m 이상)되어야 합니다.

주차

주차대수는 신축 사업의 수익성과 관련된 문제이기 때문에 중요한 부분입니다. 아래와 같이 부설주차장 관련한 기준이 있고, 이에 맞게 주차대수에 맞춰서 방 면적이나 개수를 구성해야 합니다.

[주차장법 제19조(부설주차장의 설치·지정)]

① '국토의 계획 및 이용에 관한 법률'에 따른 도시 지역, 같은 법 제51조제3항에 따른 지구단위계획구역 및 지방자치단체의 조례로 정하는 관리 지역에서 건축물, 골프연습장, 그 밖에 주차수요를 유발하는 시설(이하 '시설물'이라 한다)을 건축하거나 설치하려는 자는 그 시설물의 내부 또는 그 부지에 부설주차장(화물의 하역과 그 밖의 사업 수행을 위한 주차장을 포함한다. 이하 같다)을 설치해야 한다. 〈개정 2011. 4. 14.〉

주차장법 시행령 [별표 1] 〈개정 2019. 3. 12.〉
부설주차장의 설치대상 시설물 종류 및 설치 기준(제6조제1항 관련)

시설물	설치기준
1. 위락시설	○ 시설면적 100㎡당 1대(시설면적/100㎡)
2. 문화 및 집회시설(관람장은 제외한다), 종교시설, 판매시설, 운수시설, 의료시설(정신병원·요양병원 및 격리병원은 제외한다), 운동시설(골프장·골프연습장 및 옥외수영장은 제외한다), 업무시설(외국공관 및 오피스텔은 제외한다), 방송통신시설 중 방송국, 장례식장	○ 시설면적 150㎡당 1대(시설면적/150)

3. 제1종 근린생활시설['건축법 시행령' 별표 1 제3호바목 및 사목(공중화장실, 대피소, 지역아동센터는 제외한다)은 제외한다], 제2종 근린생활시설, 숙박시설	○시설면적 200㎡당 1대(시설면적/200㎡)
4. 단독주택(다가구주택은 제외한다)	○시설면적 50㎡ 초과 150㎡ 이하: 1대 ○시설면적 150㎡ 초과 : 1대에 150㎡를 초과하는 100㎡당 1대를 더한 대수[1+{(시설면적−150㎡)/100㎡}]
5. 다가구주택, 공동주택(기숙사는 제외한다), 업무시설 중 오피스텔	○'주택건설기준 등에 관한 규정' 제27조제1항에 따라 산정된 주차대수. 이 경우 다가구주택 및 오피스텔의 전용면적은 공동주택의 전용면적 산정 방법을 따른다.
6. 골프장, 골프연습장, 옥외수영장, 관람장	○골프장 : 1홀당 10대(홀의 수×10) ○골프연습장 : 1타석당 1대(타석의 수×1) ○옥외수영장 : 정원 15명당 1대(정원/15명) ○관람장 : 정원 100명당 1대(정원/100명)
7. 수련시설, 공장(아파트형은 제외한다), 발전시설	○시설면적 350㎡당 1대(시설면적/350㎡)
8. 창고시설	○시설면적 400㎡당 1대(시설면적/400㎡)
9. 학생용 기숙사	○시설면적 400㎡당 1대(시설면적/400㎡)
10. 그 밖의 건축물	○시설면적 300㎡당 1대(시설면적/300㎡)

주차장법 제6조(노외주차장의 구조, 설비 기준)

① 법 제6조제1항에 따른 노외주차장의 구조 · 설비 기준은 다음 각 호와 같다.
3. 노외주차장에는 자동차의 안전하고 원활한 통행을 확보하기 위해 다음 각 목에서 정하는 바에 따라 차로를 설치해야 한다.

주차장의 규격

구분	너비	길이
경형	2.0m	3.6m
일반형	2.5m	5.0m
확장형	2.6m	5.2m
장애인 전용	3.3m	5.0m
이륜자동차 전용	1.0m	2.3m

평행주차 시 규격

구분	너비	길이
경형	1.7m	4.5m
일반형	2.0m	6.0m
보차도 구분 없는 주거지역	2.0m	5.0m
이륜자동차 전용	1.0m	2.3m

주차단위구획과 접한 차로 폭

주차형식	차로 너비
평행주차	3.0m
직각주차	6.0m
60도 대향주차	4.0m
45도 대향주차	3.5m
교차주차	3.5m

6

토지이용계획원으로 분석해보는 실전 사례

앞에서 배운 몇 가지 지식을 이용해 건축사에게 계획설계를 맡기기 전에, 어느 정도의 구성으로 신축 시 수익이 확보될 수 있는지 검토해보도록 하겠습니다.

대상 토지의 개요

구분	세부 내역
물건지 주소	서울시 광진구 중곡동
지역 지구	제2종 일반 주거 지역
토지 면적	공부상 면적 : 95.9㎡(29평)
건폐율	60%
법적 용적률	200%

토지이용계획원 열람

해당 주소지의 토지이용계획원을 출력하기 위해서 토지이용규제정보
서비스에 들어가서 대상 물건지 주소를 입력합니다.

토지e음 사이트

해당 토지의 주소를 넣고 출력할 비율을 입력해 해당 토지의 토지이
용계획원을 출력합니다. 일반적으로는 1/300을 많이 이용합니다.

토지e음 사이트

해당 토지의 지목 및 토지 규모를 다시 확인하고, 법령 및 관련 구성을 확인합니다. 특정 지역이나 구역으로 제한되어 있다면, 구청 도시계획과 등에 문의해 세부적인 내용을 확인합니다.

규모 검토 사이트 검색

규모 검토 사이트에 입력해 해당 토지의 정북 방향을 확인하고, 몇 층까지 건축이 가능한지와 건축선 후퇴 등 대략적인 내용만 확인합니다.

랜드북

토지이용계획원 지적도 분석

건축선은 사업 면적을 확정하는 선으로, 4m 도로 확보 및 코너가각으로 제척되는 면적이 있는지 확인합니다.

먼저 아래의 토지이용계획원으로 4m 도로를 확인하면 동측 도로는

6m로 4m 이상 확보되고, 북측도로는 2m가 확보되어 도로중심선을 기준으로 2m가 확보되어야 해서 1m 후퇴해 1m×8m 후퇴로 8㎡ 면적이 제외됩니다.

코너가각도 90도 미만으로 3m씩 확보되어야 해서 코너가각(3m-1m)×3m/2=3㎡를 제해 총 11㎡ 면적이 빠지게 됩니다. 건축 면적 95.9㎡에서 11㎡를 제하면 건축이 가능한 대지면적은 84.9㎡이고, 건폐율 60%를 적용하면 50.94㎡가 바닥면적이 됩니다.

이렇게 건축선 확인을 통해 1~3층의 바닥면적을 확정했고, 1~3층까지는 1.5m만 이격하면 추가적인 일조사적의 제한을 받지 않지만, 4층은 6m, 5층은 7.5m를 이격해야 합니다. 북도로가 확보된 사업지의 다세대주택의 경우 도로 중심선부터 해당 거리를 이격해야 하고, 다가구주택이나 다중주택은 인접대지 경계선으로부터 이격합니다.

이 물건은 6m 확보 후에도 건물의 후퇴가 없기 때문에 50.94㎡의 건축 면적 확보가 가능합니다. 5층은 인접대지 경계선에서 7.5m를 이격하므로 7.5m×1m=7.5㎡의 면적 손실이 발생합니다. 따라서, 5층은 50.94㎡-7.5㎡=43.4㎡가 건축이 가능한 면적입니다.

이렇게 각 층의 건축 가능면적이 나오면 공용면적을 빼고, 남은 평수로 원룸과 1.5룸 등을 적절히 구성해 나올 수 있는 방 개수를 확인해보고, 조사한 임대가를 넣어 수익률을 확인해봅니다. 어느 정도 수익이 확보된다고 보면, 그때 계획설계를 맡기고, 토지 매입을 결정합니다.

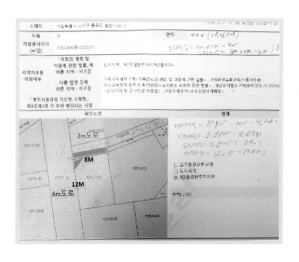

구분	내역
토지면적	95.9㎡
도로제외면적	−8㎡
코너가각	−2㎡
건축 가능 면적	85.9㎡
건폐율에 따른 건축 면적	85.9㎡×60% =51.54㎡
공용면적	4인승 엘리베이터 설치 시 5평 산정 16.5㎡(실제 4.5평)
전용면적	51.54㎡− 16.5㎡ =35.04㎡(10.6평)
결론	산술적으로 5.3평 원룸 2개 또는 10.6평 1.5룸 1개 구성 가능

계획설계와 의뢰

실제 계획설계 요청 시에도 본인이 구성해본 건축개요를 이야기해서 그것과 동일하게 나올 수 있는지, 그것보다 더 효율적인 방안이 있는지를 확인합니다.

다음은 앞의 물건을 계획설계받은 내용이고, 실제 구성이 거의 유사하게 나왔습니다.

❑ 설 계 개 요

구 분	내	용		
대 지 위 치	서울시 광진구 중곡동 126-11번지			
지 역 지 구	제2종일반주거지역			
대 지 면 적	공부상 면적	도로저촉 면적		실 사업 면적
	95.90㎡	10.00㎡		85.90㎡
도 로 현 황	서측 6M 도로, 북측 4M 연광도로			
	계 획		법 정	
건 축 면 적	45.60㎡			
연 면 적	지하층			
	지상층	171.60㎡		
	소 . 계	171.60㎡		
건 폐 율	53.08 %	법정 : 60 %		
용 적 율	199.77 %	법정 : 200 %		
규모/층수	지상 5층			
최 고 높 이	13.80M			
건 물 구 조	철근콘크리트구조			
건 물 용 도	근린생활시설, 단독주택(다가구주택-4가구)			
주 차 대 수	설치 : 2대	근린생활시설	시설면적 134㎡ 당 1대	
			66.00㎡ / 134㎡ = 0.49대	
		다가구주택	전용 30㎡ 이하 세대 당 0.5대	
조 경 면 적		해당사항없음.		
정 화 조	FRP단독정화조 30인조	1층 소매점 : N=0.075 x 20.40㎡ = 1.53인		
		2층 사무소 : N=0.075 x 45.60㎡ = 3.42인		
		3층 다가구주택 : 1호가 1거실로 구성 2세대 : 2세대x2=4		
		4층 다가구주택 : N = 2.7+[(3-2) x 0.5] = 3.2인		
		5층 다가구주택 : N = 2.7+[(3-2) x 0.5] = 3.2인		

❑ 층 별 면 적

구분 층별			허가면적		용 도
			㎡	평	
지상 1층			20.40		제1종근린생활시설(소매점), 주차장
지상 2층			45.60		제2종근린생활시설(사무소)
지상 3층			37.92		다가구주택-2가구
지상 4층			34.74		다가구주택-1가구
지상 5층			32.94		다가구주택-1가구
옥탑층					계단실(연면적에서 제외), 다락
연 면 적			171.60		

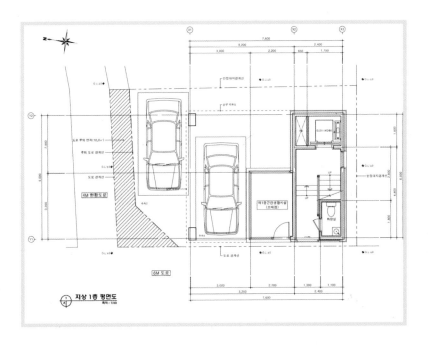

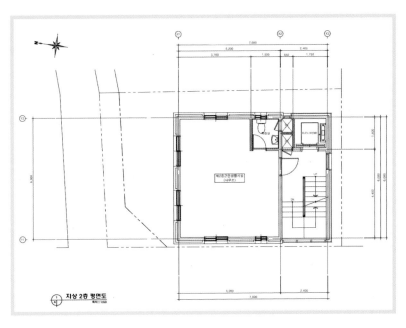

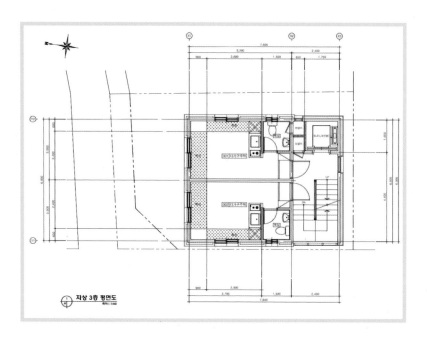

지상 3층 평면도
축척 1:100

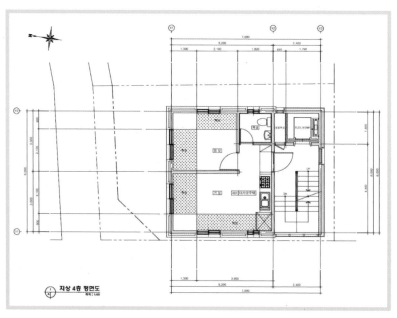

지상 4층 평면도
축척 1:100

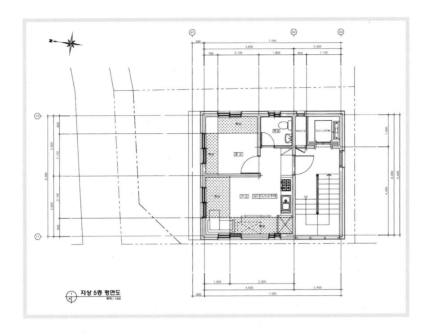

지상 5층 평면도
축척 : 1/80

수익률 분석

계획설계를 받은 내용으로 해당 토지의 수익률을 분석해보고, 매입할 만한 가치가 있는지 타당성을 분석해봅니다. 이 물건은 제(열정잇기)가 19년 말에 매입해 20년에 신축한 물건이고, 현재 아래와 같이 임대를 맞추어 운영하고 있습니다.

임대 내역　　　　　　　　　　　　　　　　　　　　　　　　　　(단위 : 만 원)

층	용도	1호			2호			비고
		보증금	월세	관리비	보증금	월세	관리비	
5층	다가구1 (다락+테라스)	22,000	20	8				
4층	다가구2	18,000	20	6	–	0	6	
3층	다가구3	13,000	0	6	3,000	35	6	
2층	근생(사무실)	1,000	50	6	3,000	40		
1층	근생(상가)	500	60	6			12	
	총 합계	54,500	150	32	6,000	75		

수익성 분석　　　　　　　　　　　　　　　　　　　　　　　　　(단위 : 만 원)

금액			비고
총비용(토지+세금+건축비)		110,000	
보증금		60,500	
대출원금		36,000	토지 대출
실투자액		13,500	
월수익금	이자 지출	116.25	
	임대료 수익	225	
	관리비 수익	26.4	관리비×0.6
	월 합계	135.15	
연총수익금		1621.8	
연수익률		12.01%	

신축 사업 진행 타당성 검토

이미 신축을 해서 보유하고 있지만, 타당성 분석 기준을 적용해보면 다음과 같이 분석할 수 있습니다.

타당성 분석 기준

구분		상	중	하
입지	역과 거리	500m 내	700m 내	700m 이상
	주요 상업지 통근시간	30분 내	30분 내	30분 이상
향후 발전 가능성		지하철 신설 대단지 아파트 신축 도로 신설 등 2가지 이상 호재	1가지 이상 호재	호재 없음
투자 수익률		원금 회수 후 월 200만 이상 수익 확보 (세전 5억 원 수익 기대)	원금 회수 후 월 100만 이상 수익 확보 (세전 2.5억 원 수익 기대)	–

타당성 분석

구분		대상 물건	평가
입지	역과 거리	군자역 12분 거리(806m) 세종대 13분 자체 수요	중
	주요 상업지 통근시간	강남구청 20분 이내	상
향후 발전 가능성		의료·행정 문화 복합 단지	상
투자 수익률		원금 회수 후 월 100만 원 이상 확보	중

4장

신축 사업을 위한 토지 매입 검토 실전 사례

공항동

입지 분석

역과의 거리

주로 이용 가능한 역은 5호선 송정역이 있고, 역과의 거리는 552m, 도보로는 8분 정도 걸립니다. 보통 세입자들이 선호하는 것은 역에서 500m 내외로, 이것은 성인 남성의 걸음으로 5~6분 정도 걸리는 거리

출처 : 네이버 길찾기

입니다. 그 이상이 되면, 마을버스나 기타 이동 수단을 이용해야 하기에 이동의 편리성이 떨어져 선호도가 많이 떨어질 수 있습니다. 우리는 수익형 부동산이라 임대를 놓기 때문에 임차인이 역까지 가는 데 너무 어둡거나, 음침해서 불편하지 않은지를 봐야 하는데, 이 경우에는 큰길로 다닐 수 있다는 장점이 있습니다. 도보 6분 거리에 아세아항공전문학교 공항 캠퍼스도 있습니다.

주요 중심상업지와의 거리

직장인 수요를 보기 위해 보통은 반경 10km 이내의 중심상업지들이 어떤 곳이 있는지를 보지만, 공항동은 10km까지 범위를 넓히지 않아도 근처에 엄청난 일자리를 가지고 있는 마곡지구의 수요를 받을 수 있습니다. 마곡지구는 광화문, 강남, 여의도에 이어 서울 4대 업무지구로 도약하고 있으며, 김포공항과 이대 서울병원과 같은 대형병원이 인근에 위치하고 있습니다.

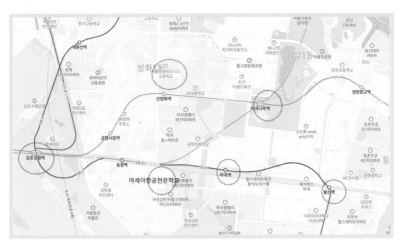

출처 : 네이버 지도

향후 발전 가능성

마곡지구는 서울의 마지막 택지개발지구로 상암 DMC의 약 6배, 판교 테크노밸리의 약 5배 규모입니다. 대한민국 최대 융·복합 클러스터 연구단지로 개발하고 있으며, LG사이언스파크는 LG전자를 비롯해 LG 디스플레이, LG화학, LG유플러스 등 LG그룹 계열사 9개의 R&D 센터가 들어서 있습니다. LG그룹에 이어 코오롱, S-oil, 롯데, 대우조선해양 등 대기업들이 순차적으로 입주 예정이며(총 190여 개), 협력기업체, 바이오기업의 입주가 계획되어 있습니다.

롯데건설 컨소시엄이 개발하는 마이스 복합단지 '르웨스트'는 2024년 하반기 준공 예정입니다. 코엑스의 2배이고, 상암 월드컵 경기장의 5배이며 대형 컨벤션 센터, 상업시설, 호텔, 생활형 숙박 시설 등으로 구성 예정입니다. 가양동 CJ 공장용지에는 공동주택, 업무, 상업시설이 들어오고, 김포공항 가용부지에도 컨벤션과 함께 업무·상업시설이 예정되어 있습니다. 강서구에서는 서울식물원의 외부 이용객을 지원하고, 마곡지구 명소화 사업을 추진할 예정입니다.

김포공항에는 대곡소사복선전철이 지나갈 예정이고, 부분 계통은 2022년, 전체 개통은 2023년으로 예정되어 있습니다.

현장 실사 및 임대가 조사

구 분	내역
주요 임차인	• 마곡지구의 직장인 및 가족 • 김포공항 승무원 • 아세아 항공 전문학교 학생
인근 신축 현황	• 인근 신축이 활발하지 않으나, 9호선 공항시장역이나 신방화역 인근은 신축이 활발해 보임
임차 수준	• 보증금 원룸 1,000만 원, 월세 45만 원 • 전세 1억 2,000~3,000만 원 • 투룸 전세 2억 3,000만 원
주인세대 선호도	• 다중주택 또는 다가구주택 통매 시 주인세대 있는 건물에 대한 의뢰 有
결론	• 다중주택으로 수익 극대화 • 다가구주택으로 건설 임대 등록해 장기 보유

토지이용계획원 확인으로 1차 수익성 분석

토지이용계획원 확인

토지이용계획원은 출력해서 4m 도로 확보 및 코너가각으로 제척되는 면적이 있는지 확인합니다. 앞의 토지는 6m 도로와 접해 있기 때문에 제척되는 면적이 없습니다. 건폐율 60%, 1~3층까지는 바닥면적은 99.18㎡이고, 4층과 5층은 일조사선 후퇴로 4층 77㎡, 5층 60.5㎡를 사용할 수 있습니다. 용적률을 200%이므로 용적률 산정면적은 330.6㎡입니다. 발코니 확장 부분은 용적률에 포함되지 않기 때문에 약 20% 정도를 추가적으로 사용할 수 있고, 근생 부분은 발코니 확장이 따로 없습니다.

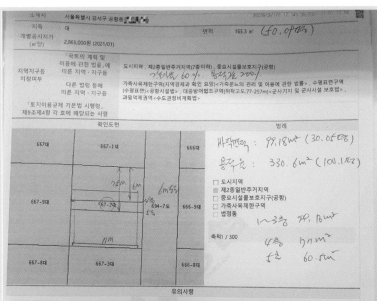

소재지	서울특별시 강서구 공항동				2020/03/170 17 145 30/232 -11-01 T2.V
지목	대		면적	165.3 m²	(50.0평)
개별공시지가 (m²당)	2,865,000원 (2021/01)				

지역지구등 지정여부	「국토의 계획 및 이용에 관한 법률」에 따른 지역·지구등	도시지역, 제2종일반주거지역(7층이하), 중요시설물보호지구(공항) 건폐율 60% 용적률 200%
	다른 법령 등에 따른 지역·지구등	가축사육제한구역(지역경제 확인 요망)<가축분뇨의 관리 및 이용에 관한 법률>, 수평표면구역 (수평표면)<공항시설법>, 대공방어협조구역(위탁고도:77-257m)<군사기지 및 군사시설 보호법>, 과밀억제권역<수도권정비계획법>
「토지이용규제 기본법 시행령」 제9조제4항 각 호에 해당되는 사항		

확인도면

667대 667-1대 666대

667-9대 667-2대 694-7도 666-9대

7余m 6m 6m53

11m

667-8대 667-3대 666-8대

범례

바닥면적 : 99.18m² (30.0평)

용적률 : 330.6m² (100.1평)

☐ 도시지역
☑ 제2종일반주거지역
☐ 중요시설물보호지구(공항)
☐ 가축사육제한구역
☐ 법정동

1~3층 주, Bunt
4층 7m²
5층 60.5m²

축척1 / 300

유의사항

1. 토지이용계획확인서는 「토지이용규제 기본법」 제5조 각 호에 따른 지역·지구등의 지정 내용과 그 지역·지구등에서의 행위제한 내용, 그리고 같은 법 시행령 제9조제4항에서 정하는 사항을 확인해 드리는 것으로서 지역·지구·구역 등의 명칭을 쓰는 모든 것을 확인해 드리는 것은 아닙니다.

2. 「토지이용규제 기본법」 제8조제2항 단서에 따라 지형도면을 작성·고시하지 않는 경우로서 「철도안전법」 제45조에 따른 철도보호지구, 「학교보건법」 제5조에 따른 학교환경위생 정화구역 등과 같이 별도의 지정 절차 없이 법령 또는 자치법규에 따라 지역·지구등의 범위가 직접 지정되는 경우에는 그 지역·지구등의 지정 여부를 확인해 드리지 못할 수 있습니다.

3. 「토지이용규제 기본법」 제8조제3항 단서에 따라 지역·지구등의 지정 시 지형도면등의 고시가 곤란한 경우로서 「토지이용규제 기본법 시행령」 제7조제4항 각 호에 해당되는 경우에는 그 지역·지구등의 지정 여부를 확인해 드립니다.

4. "확인도면"은 해당 필지에 지정된 지역·지구등의 지정 여부를 확인하기 위한 참고 도면으로서 법적 효력이 없고, 측량이나 그 밖의 목적으로 사용할 수 없습니다.

5. 지역·지구등에서의 행위제한 내용은 신청인의 편의를 도모하기 위하여 관계 법령 및 자치법규에 규정된 내용을 그대로 제공해 드리는 것으로서 신청인이 신청한 경우에만 제공되며, 신청 토지에 대하여 제공된 행위제한 내용 외의 모든 개발행위가 법적으로 보장되는 것은 아닙니다.

※지역·지구등에서의 행위제한 내용은 신청인이 확인을 신청한 경우에만 기재되며, 「국토의 계획 및 이용에 관한 법률」에 따른 지구단위계획구역에 해당하는 경우에는 담당 과를 방문하여 토지이용과 관련한 계획을 별도로 확인하셔야 합니다.

4

다중주택으로
수익성 분석

1차 수익성 분석(다중주택)

건축 개요

구분	세부 내역
물건지 주소	공항동
지역 지구	2종 일반 주거
사업 면적	공부상 면적 : 165.3㎡, 도로제공 면적 : ㎡, 실사용 면적 : 165.3㎡
건축 면적	99.18㎡(30평),
건폐율	법정 건폐율 : 60%, 실제 건폐율 : 59.82㎡
용적률 산정면적	329.8m
법적 용적률	200%(330.6㎡)
주차대수	2대

층별 면적 개요

구분	허가면적(㎡)	평	공사면적(㎡)	평	비고
1층	51.0	15.5	104.6	31.7	근생
2층	98.9	30.0	104.6	31.7	근생
3층	76.9	23.3	104.6	31.7	다중
4층	54.8	16.6	76.3	23.1	다중
5층	48.2	14.6	60.1	18.2	다중
계	329.8	99.9	462.6	140.2	

층별 구성

구분	타입	세대수	세대별 구성	비고
지상 1층	상가	1	11평 상가	근생
2층	사무실	4		근생
3층	원룸 2개, 1.5룸 2개	4	5평 2개, 7평 2개	다중
4층	원룸 2개, 1.5룸 2개	4	5평 2개, 7평 2개	다중
5층	투룸 2개(다락 포함)	4	7평+다락 2개	다중

근생다중 주차

주차 공식	주차수
다중	1.3
근생	1.12
계	2.41

수익성 분석

층	호실	타입	보증금	월세	관리비	주차	계	비고
1층	101	12.0	10,000,000	1,000,000	100,000	30,000	1,100,000	
2층		5.0	10,000,000	500,000	70,000	30,000	570,000	500,000
		5.0	10,000,000	500,000	70,000		570,000	
		7.0	10,000,000	700,000	70,000		770,000	500,000
		7.0	10,000,000	700,000	70,000		770,000	
31층	301	5.0	10,000,000	500,000	70,000		570,000	
	302	5.0	10,000,000	500,000	70,000		570,000	
	303	7.0	170,000,000		70,000		70,000	
	304	7.0	170,000,000		70,000		70,000	
4층	401	5.0	130,000,000		70,000		70,000	
	402	5.0	130,000,000		70,000		70,000	
	403	6.0	150,000,000		70,000		70,000	
5층	501	7.0	200,000,000		70,000		70,000	다락
	502	7.7	210,000,000		70,000		70,000	다락
계			1,230,000,000	4,400,000	1,010,000	60,000	5,410,000	

투자금 내역

토지	토지	1,100,000,000	
	취등록세	36,300,000	3.30%
	중개수수료	9,900,000	토지 비용X0.9%
건축비	건축비	800,000,000	
	잡비	100,000,000	보존등기비, 이자 등
계		2,026,200,000	

자본금 회수 내역

보증금	1,230,000,000	
대출	880,000,000	토지의 80% 선
계	2,110,000,000	

월 예상 수익 금액

월 수익	4,905,000
대출 이자	3,153,333
월 순수입	1,751,667
연간 순수입	21,020,000

예상 매매가

예상 매매가	2,530,400,000
예상 수익 금액	504,200,000

계획설계 의뢰하기

토지이용계획원을 통해 1차 수익성 분석을 통해 적절한 수익이 예상된다고 생각하면, 계획설계를 의뢰해 내가 구성한 건축 개요가 가능한지, 그것보다 더 효율적으로 구성할 수 있는지를 파악해봅니다. 1차 수익성 분석을 통해 다중주택으로 구성해 계획설계를 의뢰해보았습니다.

□ 설계개요

대지위치	서울시 강서구 공항동 ██████		
지역지구	제2종일반주거지역(7층 이하), 중요시설물보호지구(공항)		
대지면적	지적면적	도로저촉면적	사업면적
	165.30㎡	0.00㎡	165.30㎡ (50.00평)
도로현황	6M 도로		

	계 획	법 정
건축면적	98.97㎡ (29.94평)	
용적율산정면적	320.02㎡ (96.81평)	
건 폐 율	59.87 %	법정 : 60 %
용 적 율	193.60 %	법정 : 200 %
규모/층수	지상 5층	
건물구조	철근콘크리트구조	
건물용도	근린생활시설, 단독주택(다가구주택-5가구)	
주차대수	설치 : 4대	근린생활 152.41㎡ / 134㎡ = 1.14대
		다가구주택 전용 30㎡ 이하 세대 당 0.5대
		5가구 x 0.5대 = 2.5대
		전용 60㎡ 이하 세대 당 0.8대
조경면적		해당사항없음.
특기사항	• 상기 면적은 본설계시 변경될수있습니다.(본 설계전 현황측량성과도 필요함.)	

□ 층별면적

구 분 층 별	허가면적		공사면적		용 도
	㎡	평	㎡	평	
지상 1층	53.44		104.73		근린생활시설
지상 2층	98.97		104.73		근린생활시설
지상 3층	70.23		104.73		단독주택(다가구주택-2가구)
지상 4층	54.27		72.57		단독주택(다가구주택-2가구)
지상 5층	43.11		59.73		단독주택(다가구주택-1가구)
옥 탑			59.73		다락 (연면적에서 제외)
합 계	320.02	96.81	506.22	153.13	

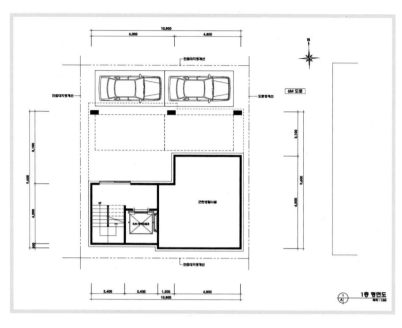

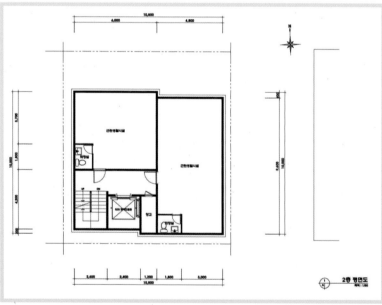

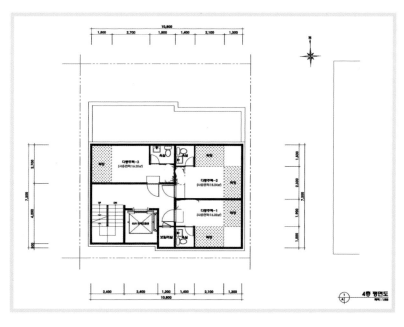

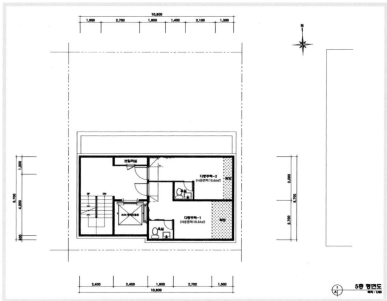

다가구주택으로
수익성 분석

계획설계 의뢰하기

☐ 설 계 개 요

대 지 위 치	서울시 강서구 공항동 ■■■■			
지 역 지 구	제2종일반주거지역(7층 이하), 중요시설물보호지구(공항)			
대 지 면 적	지 적 면 적	도로 저촉 면적		사 업 면 적
	165.30㎡	0.00㎡		165.30㎡ (50.00평)
도 로 현 황	6M 도로			
	계 획		법 정	
건 축 면 적	98.88㎡ (29.91평)			
용적율산정면적	329.76㎡ (99.75평)			
건 폐 율	59.82 %		법정 : 60 %	
용 적 률	199.49 %		법정 : 200 %	
규모/층수	지상 5층			
건 물 구 조	철근콘크리트구조			
건 물 용 도	근린생활시설, 단독주택(다중주택)			
주 차 대 수	설치 : 2대		근린생활	시설면적 134㎡ 당 1대
				149.88㎡ / 134㎡ = 1.12대
			다중주택	1+[(179.88-150)/100] = 1.30대
조 경 면 적			해당사항없음.	
특 기 사 항	* 상기 면적은 본설계시 변경될수있습니다.(본 설계전 현황측량성과도 필요함.)			

□ 층별면적

구분 층별	허가면적 m²	허가면적 평	공사면적 m²	공사면적 평	용 도
지상 1층	51.00		104.64		근린생활시설, 주차장 (2대)
지상 2층	98.88		104.64		근린생활시설
지상 3층	76.92		104.64		단독주택(다중주택)
지상 4층	54.75		76.32		단독주택(다중주택)
지상 5층	48.21		60.12		단독주택(다중주택)
옥 탑			12.24		계단실(연면적에서 제외)
합 계	329.76	99.75	462.60	139.94	

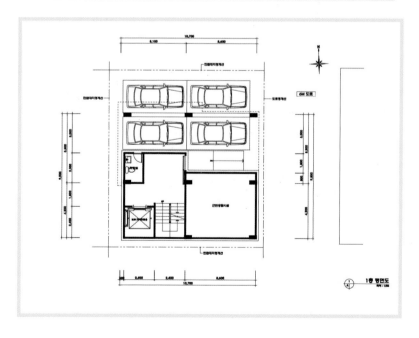

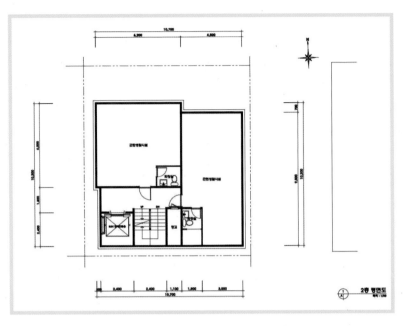

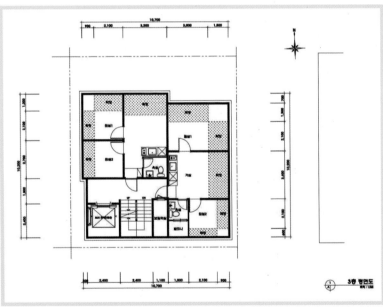

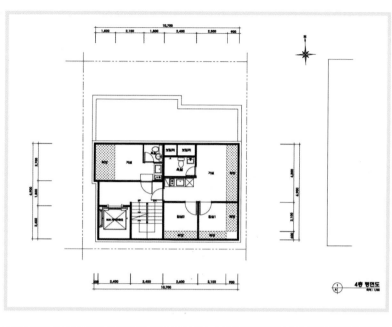

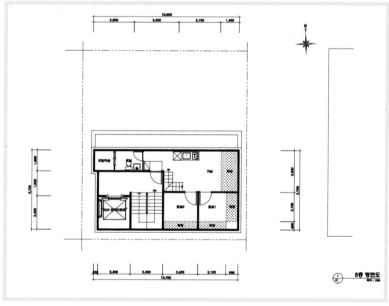

수익성 분석

장기 보유 시 건설 임대로 등록해 종부세 합산 배제를 받을 수 있는 다가구주택으로 계획설계를 받아보았고, 건설 임대 주택으로 등록할 경우, 근저당과 보증금의 합이 인근 시세를 넘을 수 없습니다. 다가구주택은 임차인이 대출을 받을 경우, 나중에 맞추게 되는 임대세대는 1억 원이 넘는 금액에 대해서는 1금융권 대출이 어려울 수 있으므로 1안은 원금 회수를 하는 방향으로, 2안은 일부 자금을 투입해 월세 수익률을 확보하는 방향으로 보증금 금액을 적게 해서 분석해보았습니다.

원금 회수 가능 방안

수익성 분석

층	호실	타입	보증금	월세	관리비	주차	계
1	101	8.5	10,000,000	800,000	150,000		950,000
2	201	7.0	10,000,000	2,000,000	200,000		2,200,000
3	301	11.6	270,000,000	–	50,000	50,000	100,000
	302	13.0	280,000,000		50,000	50,000	100,000
4	401	4.2	10,000,000	400,000	50,000	50,000	500,000
	402	11.1	260,000,000		50,000	50,000	100,000
5	501	11.3	320,000,000		50,000		50,000
계			1,160,000,000	3,200,000	600,000	200,000	4,000,000

투자금 내역

토지	토지	1,100,000,000	
	취등록세	45,100,000	
	중개수수료	5,500,000	토지 비용 X 0.5%
건축비	건축비	870,000,000	
	잡비	100,000,000	보존등기비, 이자 등
계		2,120,600,000	

자본금 회수 내역

보증금	1,160,000,000	
대출	880,000,000	토지의 80% 선
계	2,040,000,000	

월 예상 수익 금액

월 수익	3,500,000
대출 이자	2,566,667
월 순수입	933,333
연간 순수입	11,200,000.0

매도 시 예상 수익 금액

예상 매매가	2,320,000,000
예상 수익 금액	199,400,000

월세 확보 방안

수익성 분석

층	호실	타입	보증금	월세	관리비	주차	계
1	101	8.5	10,000,000	800,000	150,000		950,000
2	201	7.0	10,000,000	2,000,000	200,000		2,200,000
3	301	11.6	10,000,000	800,000	50,000	50,000	900,000
	302	13.0	10,000,000	900,000	50,000	50,000	1,000,000
4	401	4.2	10,000,000	400,000	50,000	50,000	500,000
	402	11.1	260,000,000		50,000	50,000	100,000
5	501	11.3	320,000,000		50,000		50,000
계			630,000,000	4,900,000	600,000	200,000	5,700,000

투자금 내역

토지	토지	1,100,000,000	
	취·등록세	45,100,000	
	중개수수료	11,000,000	토지 비용 X 0.5%
건축비	건축비	870,000,000	
	잡비	100,000,000	보존등기비, 이자 등
계		2,126,100,000	

자본금 회수 내역

보증금	630,000,000	
대출	880,000,000	토지의 80% 선
계	1,510,000,000	

월 예상 수익 금액

월 수익	5,200,000
대출 이자	2,566,667
월 순수입	2,633,333
연간 순수입	31,600,000

매도 시 예상 수익 금액

예상 매매가	2,300,000,000
예상 수익 금액	173,900,000

신축 사업 진행 타당성 검토

입지 및 향후 발전 가능성, 수익성 분석까지 끝내면 과연 투자하기에 적합한 물건인지 결론을 내립니다. 앞의 2가지 경우 중에 다중주택을 기준으로 타당성 분석을 해보았습니다.

타당성 분석 기준

구분		상	중	하
입지	역과 거리	500m 내	700m 내	700m 이상
	주요 상업지 통근시간	30분 내	30분 내	30분 이상
향후 발전 가능성		지하철 신설 대단지 아파트 신축 도로 신설 등 2가지 이상 호재	1가지 이상 호재	호재 없음
투자 수익률		원금 회수 후 월 200만 원 이상 수익 확보 (세전 5억 원 수익 기대)	원금 회수 후 월 100만 원 이상 수익 확보 (세전 2.5억 원 수익 기대)	–

타당성 분석

구분		대상 물건	평가
입지	역과 거리	송정역 8분 거리(552m)	중
	주요 상업지 통근시간	김포공항, 마곡지구 20분 이내	상
향후 발전 가능성		마곡지구 순차적 입주 김포공항 상업시설 확대	상
투자 수익률		원금 회수 후 월 175만 원 이상 확보	중상

5장

실제 투자 사례 및 예상 수익 공개

성산동

입지 분석

역과의 거리

해당 물건은 6호선 마포구청역에서 도보 209m 4분 거리에 있습니다. 큰길로 걷다가 코너를 돌면 바로 들어갈 수 있기 때문에 혼자 사는 여성들도 비교적 안전하게 다닐 수 있습니다.

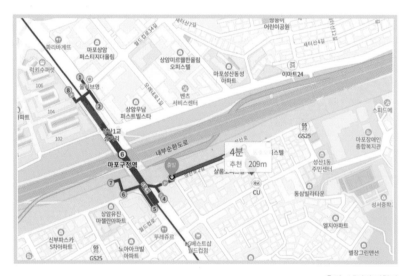

출처 : 네이버 길찾기

주요 중심상업지와의 거리

성산동의 반경 10km 이내에는 여의도, DMC, 용산, 마곡 등 풍부한 일자리 수요들이 인접해 있습니다. 21년 9월 월드컵대교가 개통되어 상습 정체 구간이었던 성산대교는 차량 흐름이 보다 원활해질 것으로 기대됩니다. 월드컵대교는 마포구 상암동과 영등포구 양평동을 잇는 연장 1,980m, 너비 31.4m의 왕복 6차로 다리입니다. 2010년에 착공한 이 다리는 무려 11년이라는 장기간 공사 기간을 거쳐 개통하게 되었습니다.

최근 서부 간선 지하도로도 개통되면서 상습적인 정체 문제가 해소될 것이라는 기대감이 높아지고 있습니다.

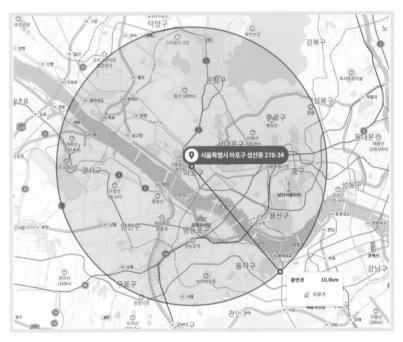

출처 : 네이버 지도

향후 발전 가능성

성산동에는 부천과 홍대를 잇는 서부광역철도 대장 홍대선이 최종 확정되어 그동안 교통 사각지대에 있던 서울 서북권에 큰 호재로 작용하고 있습니다.

출처 : 장상기 서울시의원

성산동 인근의 DMC역 일대는 롯데몰 개발사업이 속도를 내기 시작했습니다. 약 2만㎡ 부지에 롯데백화점과 롯데마트 등이 2025년 오픈 예정입니다.

또한, 인근 수색·증산뉴타운은 신흥 주거지로 떠오르고 있으며, 아파트 가격도 빠르게 오름세를 보이고 있습니다. 수색·증산뉴타운은 서울 서북부에서 가장 외곽이지만, 입지가 뛰어나다는 평가를 받고 있습니다. 지하철 6호선·경의·중앙선·공항철도 등 3개 노선이 지나는 '트리플 역세권' 입지를 갖추고 있고, 디지털미디어시티(DMC)역 주변 일대의 개발 사업이 동시에 추진되고 있으며, 수색 역세권 개발 프로젝트가 구체화되면서 수색 증산뉴타운이 사업 추진 동력을 얻는 데 큰 도움이 되고 있습니다.

그리고 서울시가 2019년 발표한 '수색 역세권 마스터플랜'에 따르면 경의중앙선 지상철을 지하화하고, 철도로 단절된 상암동과 수색동을 연결하는 수색 역세권 개발사업이 지속적으로 진행될 예정입니다. 서울시와 코레일이 모두 1조 7,000억 원을 투자해 2025년까지 32만㎡를 개발 예정입니다.

2

현장 실사 및
임대가 조사

구 분	내역
주요 임차인	• 20~30대 젊은 직장인 수요 • 신혼부부 수요 多
인근 신축 현황	• 활발하게 진행
임차 수준	• 보증금 원룸 1,000만 원, 월세 60만 원 • 전세 1억 5,000만 원 • 투룸 전세 2억 8,000만 원
주인세대 선호도	• 다중주택 또는 다가구주택 통매 시 주인세대 있는 건물에 대한 의뢰 有
결론	• 다중주택으로 수익 극대화 • 다가구주택으로 건설 임대 등록해서 장기 보유

3

토지이용계획원 확인으로
1차 수익성 분석

토지이용계획원 확인

토지이용계획원은 뽑아서 4m 도로 확보 및 코너가각으로 제척되는 면적이 있는지 확인합니다. 이 토지는 왼쪽 도로가 막다른 골목인데, 그 길이가 10~35m 사이이므로 3m를 확보해야 하고, 그러면 $0.1m \times 11m = 1.1m^2$가 제척되어 $120.7 \sim 119.6m^2$가 실제 사용할 수 있는 면적입니다. 건폐율 60%를 적용하면 1~4층까지는 $71.76m^2$를 사용할 수 있고, 5층은 일조사선 후퇴로 $63m^2$를 사용할 수 있습니다.

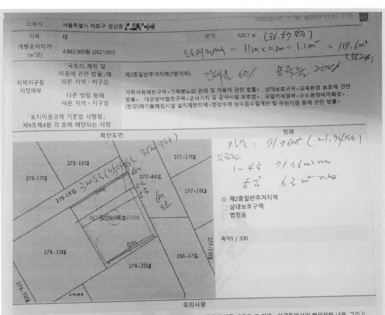

소재지	서울특별시 마포구 성산동		
지목	대	면적	120.7 ㎡ (36.57坪)
개별공시지가 (㎡당)	4,862,000원 (2021/01)		

건축면적 = 11m × 0.1m = 1.1㎡ = 119.6㎡ (36.24坪)

지역지구등 지정여부	「국토의 계획 및 이용에 관한 법률」에 따른 지역·지구등	제2종일반주거지역(7층이하) 건폐율 60% 용적률 200%
	다른 법령 등에 따른 지역·지구등	가축사육제한구역<가축분뇨의 관리 및 이용에 관한 법률>, 상대보호구역<교육환경 보호에 관한 법률>, 대공방어협조구역<군사기지 및 군사시설 보호법>, 과밀억제권역<수도권정비계획법>, (한강)폐기물매립시설 설치제한지역<한강수계 상수원수질개선 및 주민지원 등에 관한 법률>

「토지이용규제 기본법 시행령」 제9조제4항 각 호에 해당되는 사항	

확인도면

비중 : 71.06㎡ (21.74坪)
인근대
1~4층 71.56㎡대
옥탑 63㎡대

278-16대
277-17대
278-17대
277-48도
278-18도   3㎡ 건폐율건축면적 36(7坪)
277-18대
제2종일반주거지역
278-33대
277-19도
278-35대
266-17도
271-20도

범례
■ 제2종일반주거지역
□ 상대보호구역
□ 법정동

축척1 / 300

유의사항

1. 토지이용계획확인서는 「토지이용규제 기본법」 제5조 각 호에 따른 지역·지구등의 지정 내용과 그 지역·지구등에서의 행위제한 내용, 그리고 같은 법 시행령 제9조제4항에서 정하는 사항을 확인해 드리는 것으로서 지역·지구·구역 등의 명칭을 쓰는 모든 것을 확인해 드리는 것은 아닙니다.
2. 「토지이용규제 기본법」 제8조제2항 단서에 따라 지형도면을 작성·고시하지 않는 경우로서 「철도안전법」 제45조에 따른 철도보호지구, 「학교보건법」 제5조에 따른 학교환경위생 정화구역 등과 같이 별도의 지정 절차 없이 법령 또는 자치법규에 따라 지역·지구등의 범위가 직접 지정되는 경우에는 그 지역·지구등의 지정 여부를 확인해 드리지 못할 수 있습니다.
3. 「토지이용규제 기본법」 제8조제3항 단서에 따라 지역·지구등의 지정 시 지형도면등의 고시가 곤란한 경우로서 「토지이용규제 기본법 시행령」 제7조제4항 각 호에 해당되는 경우에는 그 지형도면등의 고시 전에 해당 지역·지구등의 지정 여부를 확인해 드리지 못합니다.
4. "확인도면"은 해당 필지에 지정된 지역·지구등의 지정 여부를 확인하기 위한 참고 도면으로서 법적 효력이 없고, 측량이나 그 밖의 목적으로 사용할 수 없습니다.
5. 지역·지구등에서의 행위제한 내용은 신청인의 편의를 도모하기 위하여 관계 법령 및 자치법규에 규정된 내용을 그대로 제공해 드리는 것으로서 신청인이 신청한 경우에만 제공되며, 신청 토지에 대하여 제공된 행위제한 내용 외의 모든 개발행위가 법적으로 보장되는 것은 아닙니다.
※지역·지구등에서의 행위제한 내용은 신청인이 확인을 신청한 경우에만 기재되며, 「국토의 계획 및 이용에 관한 법률」에 따른 지구단위계획구역에 해당하는 경우에는 담당 과를 방문하여 토지이용과 관련한 계획을 별도로 확인하셔야 합니다.

1차 수익성 분석(다중주택)

건축 개요

구분	세부 내역
물건지 주소	성산동
지역 지구	2종 일반 주거
사업 면적	공부상 면적 : 120.7㎡, 도로제공 면적 : 9㎡, 실사용 면적 : 119.6㎡
건축 면적	72.4㎡(22평),
건폐율	법정 건폐율 : 60%, 실제 건폐율 : ㎡
용적률 산정 면적	238.87㎡
법적 용적률	200%(241.7㎡)
주차대수	2대

층별 면적 개요

구분	허가면적(㎡)	평	공사면적(㎡)	평	비고
1층	27.27	8.3	74.82	31.7	
2층	69.3	21.0	74.82	31.7	
3층	49.17	14.9	74.82	31.7	
4층	49.17	14.9	74.82	23.1	
5층	43.96	13.3	64.38	18.2	
옥탑			64.38		
계	238.87	72.4	428.04	140.2	

층별 구성

구분	타입	세대수	세대별 구성	비고
지상 1층	상가	1.0	4평 상가	
2층	1.5룸 1개, 원룸 2개	3.0	7평 1.5룸 1, 5평 원룸 2개	
3층	1.5룸 1개, 원룸 2개	3.0	7평 1.5룸 1, 5평 원룸 2개	
4층	1.5룸 1개, 원룸 2개	3.0	7평 1.5룸 1, 5평 원룸 2개	
		10.0		

근생다중 주차

주차 공식	주차수
다중	1.1764
근생	0.20351
계	1.37991

수익성 분석

층	호실	타입	보증금	월세	관리비	주차	계	비고
1	101	5.0	10,000,000	600,000	50,000		650,000	
	102	5.0	10,000,000	600,000	50,000		650,000	
	103	7.0	20,000,000	600,000	50,000		650,000	
2	201	5.0	10,000,000	550,000	50,000		600,000	
	202	5.0	10,000,000	550,000	50,000		600,000	
	203	7.0	20,000,000	800,000	50,000		850,000	
3	301	5.0	150,000,000	–	50,000		50,000	
	302	5.0	150,000,000		50,000		50,000	
	303	7.0	180,000,000	–	50,000		50,000	
4	401	5.0	170,000,000		50,000	50,000	100,000	
	402	5.0	170,000,000		50,000	50,000	100,000	
	403	7.0	200,000,000		50,000		50,000	
계			1,100,000,000	3,700,000	600,000	100,000	4,400,000	

투자금 내역

토지	토지	1,350,000,000	
	취등록세	55,350,000	4.10%
	중개수수료	12,150,000	〉토지 비용×1%
건축비	직접 건축비	650,000,000	100평/650만 원
	설계비, 감리비	30,000,000	
	인입비	10,000,000	
	잡비	60,000,000	보존등기비, 이자 등
계		2,167,500,000	

자본금 회수 내역

보증금	1,100,000,000	
대출	1,080,000,000	토지의 80% 선
계	2,180,000,000	

월 예상 수익 금액

월 수익	4,000,000
대출 이자	3,150,000.00
월 순수입	850,000
연간 순수입	10,200,000

예상 매매가

예상 매매가	2,435,000,000
예상 수익 금액	267,500,000

4

계획설계
의뢰하기

　1차 수익성 분석을 통해 다중주택으로 구성 시, 수익이 확보되는 것을 확인했기에 다중주택보다 수익이 더 보수적으로 나오는 다가구주택으로도 수익이 가능한지 계획설계를 의뢰해보았습니다.

☐ 설 계 개 요

대 지 위 치	서울시 마포구 성산동			
지 역 지 구	제2종일반주거지역(7층 이하)			
대 지 면 적	지적 면적	도로 저축 면적	사업 면적	
	120.70㎡	1.20㎡	119.50㎡ (36.15평)	
도 로 현 황	6M 도로, 3M 막다른도로			
	계 획		법 정	
건 축 면 적	69.30㎡ (20.96평)			
용적율산정면적	238.87㎡ (72.26평)			
건 폐 율	57.99 %		법정 : 60 %	
용 적 률	199.89 %		법정 : 200 %	
규모/층수	지상 5층			
건 물 구 조	철근콘크리트구조			
건 물 용 도	근린생활시설, 단독주택(다가구주택-6가구)			
주 차 대 수	설치 : 4대		근린생활	96.57㎡ / 134㎡ = 0.72대
			다가구주택	전용 30㎡ 이하 세대 당 0.5대
				6가구 x 0.5대 = 3.0대
조 경 면 적			해당사항없음.	
특 기 사 항	• 상기 면적은 본설계시 변경될수있습니다.(본 설계전 현황측량성과도 필요함.)			

□ 층별면적

층별	허가면적 m²	허가면적 평	공사면적 m²	공사면적 평	용도
지상 1층	27.27		74.82		근린생활시설
지상 2층	69.30		74.82		근린생활시설
지상 3층	49.17		74.82		단독주택(다가구주택-2가구)
지상 4층	49.17		74.82		단독주택(다가구주택-2가구)
지상 5층	43.96		64.38		단독주택(다가구주택-2가구)
옥 탑			64.38		다락 (연면적에서 제외)
합 계	238.87	72.26	428.04	129.48	

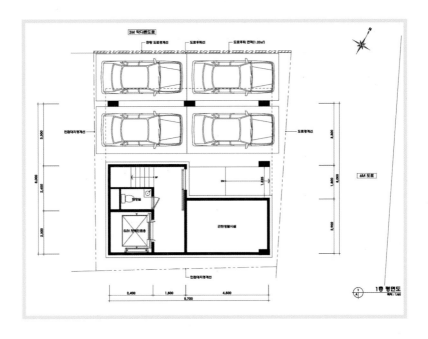

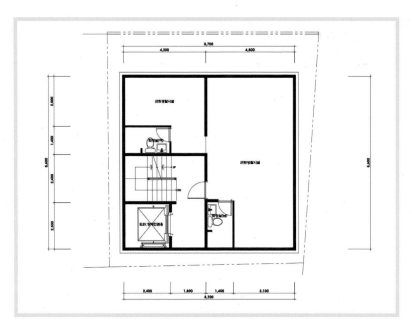

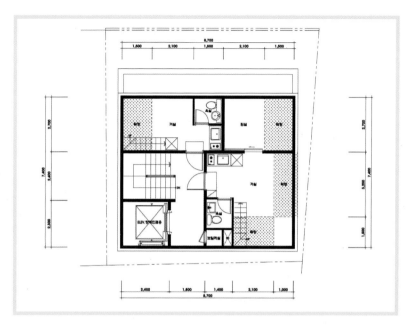

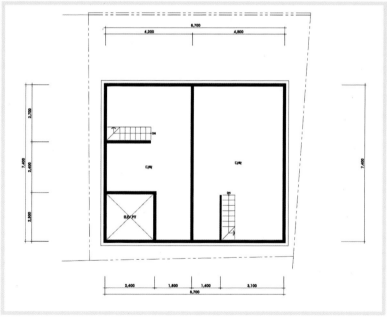

5

신축 사업의
수익률 분석

앞의 공항동과 같이 장기 보유 시 건설 임대로 등록해 종부세 합산 배제를 받을 수 있는 다가구주택으로 계획설계를 받아보았습니다. 건설 임대 주택으로 등록할 경우 근저당과 보증금의 합이 인근 시세를 넘을 수 없고, 다가구주택은 임차인이 대출을 받을 경우, 나중에 맞추게 되는 임대세대는 1억 원이 넘는 금액에 대해서는 1금융권 대출이 어려울 수 있으므로 1안은 원금 회수를 하는 방향, 2안은 일부 자금을 투입해 월세 수익률을 확보하는 방향으로 보증금 금액을 적게 해서 분석해보았습니다.

원금 회수 가능 방안

수익성 분석

층	호실	타입	보증금	월세	관리비	주차	계
1	101	4.0	10,000,000	400,000	60,000		460,000
2	201	4.7	10,000,000	600,000	60,000		660,000
2	202	11.7	20,000,000	1,200,000	60,000		1,260,000
3	301	5.0	10,000,000	650,000	60,000		710,000
3	302	11.7	300,000,000		60,000		60,000
4	401	5.0	10,000,000	600,000	60,000	50,000	710,000
4	402	11.7	300,000,000		60,000	50,000	110,000
5	(옥탑)501	4.2	100,000,000	500,000	60,000	50,000	610,000
5	(옥탑)502	8.9	320,000,000		60,000	50,000	110,000
계			1,080,000,000	3,950,000	540,000	200,000	4,690,000

투자금 내역

토지	토지	1,360,000,000	
	취·등록세	55,760,000	4.10%
	중개수수료	13,600,000	〉토지 비용×1%
건축비	직접 건축비	650,000,000	130평/600만 원
	설계비, 감리비	30,000,000	
	인입비	10,000,000	
	잡비	60,000,000	보존등기비, 이자 등
계		2,179,360,000	

자본금 회수 내역

보증금	1,080,000,000
대출	1,088,000,000 토지의 80% 선
계	2,168,000,000

월 예상 수익 금액

월 수익	4,220,000
대출 이자	3,173,333
월 순수입	1,046,667
연간 순수입	12,560,000

매도 시 예상 수익 금액

예상 매매가	2,482,000,000
예상 수익 금액	302,640,000

월세 확보 방안

수익성 분석

층	호실	타입	보증금	월세	관리비	주차	계
1	101	8.3	10,000,000	400,000	60,000		460,000
2	201	4.7	10,000,000	600,000	60,000		660,000
	202	11.7	20,000,000	1,200,000	60,000		1,260,000
3	301	5.0	10,000,000	600,000	60,000		660,000
	302	9.8	200,000,000	500,000	60,000		560,000
4	401	5.0	10,000,000	550,000	60,000	50,000	660,000
	402	9.8	200,000,000	500,000	60,000	50,000	610,000
5	(옥탑)501	4.2	10,000,000	750,000	60,000	50,000	860,000
	(옥탑)502	8.9	280,000,000	200,000	60,000	50,000	310,000
계			750,000,000	5,300,000	540,000	200,000	6,040,000

투자금 내역

토지	토지	1,360,000,000	
	취등록세	55,760,000	4.10%
	중개수수료	15,000,000	〉토지 비용×1%
건축비	직접 건축비	650,000,000	130평/600만 원
	설계비, 감리비	30,000,000	
	인입비	10,000,000	
	잡비	60,000,000	보존등기비, 이자 등
계		2,180,760,000	

자본금 회수 내역

보증금	750,000,000	
대출	1,088,000,000	토지의 80% 선
계	1,838,000,000	

월 예상 수익 금액

월 수익	5,700,000
대출 이자	3,173,333
월 순수입	2,396,667
연간 순수입	28,760,000

매도 시 예상 수익 금액

예상 매매가	2,557,000,000
예상 수익 금액	376,240,000

신축 사업 진행 타당성 검토

이렇게 해서 이 물건은 '입지 상, 향후 발전 가능성 상'이라고 생각했고, 수익성 분석은 금액으로만은 '중'이지만, 다중주택이 아닌 다가구주택으로 건설 임대등록이 가능하다면, 보유세 절감으로 절세되는 부분이 있어 투자하기에 적합한 물건인지 결론을 내리고, 매입을 했습니다.

타당성 분석 기준

구분		상	중	하
입지	역과 거리	500m 내	700m 내	700m 이상
	주요 상업지 통근시간	30분 내	30분 내	30분 이상
향후 발전 가능성		지하철 신설 대단지 아파트 신축 도로 신설 등 2가지 이상 호재	1가지 이상 호재	호재 없음
투자 수익률		원금 회수 후 월 200만 원 이상 수익 확보 (세전 5억 원 수익 기대)	원금 회수 후 월 100만 원 이상 수익 확보 (세전 2.5억 원 수익 기대)	–

타당성 분석

구분		대상 물건	평가
입지	역과 거리	마포구청역 4분 거리(209m)	상
	주요 상업지 통근시간	DMC역 20분 이내	상
향후 발전 가능성		DMC 개발, 수색 역세권 개발	상
투자 수익률		원금 회수 후 월 100만 원 이상 확보	중

6장

토지 계약부터
착공까지

토지 계약 시 체크할 사항

수많은 매물 중에 적당한 토지를 찾아서 현장 확인을 해보고, 수익성 분석을 통해 어느 정도 확신이 생기면 신축을 할 수 있다는 기대감과 설렘으로 자칫 놓치게 되는 것들이 있습니다. 원활한 주택 신축 사업의 시작을 위해서는 신축 부지 매입 계약까지 긴장의 끈을 놓지 않고 다음의 사항들을 차근히 체크해야 합니다.

계획설계를 통한 수익률 확인

토지이용계획원으로 수익률 분석을 일차적으로 끝냈더라도 계약 전 반드시 건축사를 통해 스스로 검토한 건축개요가 맞는지 다시 한번 확인합니다. 왜냐하면 건축사들이 계획설계를 작성할 때, 단순히 토지이용계획원 분석뿐만 아니라, 관련 건축법과 해당 구청 등의 건축 관련 조례 등을 직접 확인해서 계획설계를 작성하기 때문입니다. 이렇게 되면 실제 설계 시 약간의 차이가 발생할 수는 있지만, 계획설계와 차이가 크지 않기 때문에 잘못 파악할 수 있는 리스크가 현저히 줄어듭니다.

또한, 계획설계를 의뢰할 때 중요한 사항이 있습니다. 그것은 반드시 건물의 층별 구성과 용도를 명시해서 건축사에게 알려주어야 한다는 것입니다. 그런 세부적인 사항 없이 계획설계만 요청한다면, 건축사는 해당 토지에 대한 계획설계를 전체 근생건물로 구성할지, 다중주택으로 구성할지, 다가구·다세대주택을 구성할지, 건축사가 원하는 방향으로 정해서 작성하게 됩니다. 그렇게 될 경우, 우리가 애초에 생각하는 방향과는 전혀 다른 결과물을 얻을 수 있습니다. 따라서 건축사에게 계획설계 의뢰 시 원룸으로 구성할 건지, 투룸으로 구성할 건지, 또는 다중, 다가구, 다세대, 근생 등의 용도를 특정해서 알려주어야 우리가 원하는 결과물을 얻을 수 있습니다.

신축 관련 특이사항 구청에 확인

구청 건축과에 연락해 매입하려는 물건지에 지번을 이야기하고, 토지이용계획원에 있는 내용을 토대로 신축 관련 특이사항이 있는지 확인합니다. 지구단위계획 등에 포함된 지역일 경우, 신축이 가능한지, 일반적인 사항외에 조례로 명시된 사항이 어떤 것인지 반드시 확인해야 합니다.

예를 들어, 광진구의 경우 토지이용계획원에는 다중주택 허가가 되지 않는다고 나와 있지는 않지만, 실제로는 다중주택 허가를 받기가 쉽지 않습니다. 이런 내용을 확인하지 못하고, 광진구에 다중주택을 짓기 위해 신축 부지를 매입했다면, 큰 낭패가 될 수 있습니다.

임차인 명도 및 명도비 관련 확인

토지 계약 시 임차인이 1~2명밖에 없어서 명도가 수월할 거라고 예상되어도 매도인이 명도를 해주는 조건인지 확인합니다. 최근에는 임차인의 권리가 높아지고, 매도인분들도 대부분 연세가 있어 매도인의 명도를 부담스러워합니다. 그렇기에 매수인인 우리가 매입해서 명도를 한다는 것은 더욱 쉬운 일이 아닙니다.

만약 매도인이 명도를 해주는 조건으로 명도비를 요구한다면, 금액을 세대당 얼마 이내로 정해놓는 것이 불필요한 분쟁을 줄일 수 있습니다.

매도인 멸실 가능 여부

신축 판매업으로 신축 부지를 매입할 경우 취득세 중과가 되지 않지만, 3년 이내에 매도하지 못할 경우 취득세를 가산해 징수할 수도 있기 때문에 멸실을 해 토지 상태로 잔금을 치를 수 있는지 확인합니다. 당연히 멸실 관련 진행과 비용은 매수자 부담해야 하지만, 잔금 전 멸실을 하게 된다면 토지 상태로 취득하게 되고, 이때는 취득세 중과에 해당되지 않기 때문에 토지의 취득세인 4%대의 취·등록세만 납부하면 됩니다.

토지사용승낙서 승인 여부

토지사용승낙서는 잔금을 치르기 전, 매수인에게 해당 토지의 명의가 이전되지 않더라도 매수인의 명의로 구청에 신축 허가를 받을 수 있습니다. 이렇게 되면, 잔금 전에 신축 허가를 받고 잔금과 명의 이전 동시에 신속하게 멸실을 하고 신축을 진행할 수 있기에 신축 진행 기간이 단축되어 금융 비용을 줄일 수 있습니다. 그렇기에 토지사용승낙서를 받을 수 있도록 매도인에게 요청하는 것이 중요합니다.

자금계획 확인

계획설계를 통해 공사면적이 나오면 건축비를 확인하고, 적정하게 비용을 산정했는지 다시 한번 확인합니다. 대출 시행 일자와 잔금 일자, 중도금 지급 일자를 확인하고 어떤 비용으로 지급할 것인지 구체적인 계획을 작성합니다.

토지 계약은 빠른 정보력과 결단력을 필요로 하지만, 돌다리도 두드려보고 건너야 하듯 다시 한번 체크해 작은 실수로 진행에 어려움을 겪는 일이 없도록 해야 하겠습니다.

건축사 선정 및 계약

　토지 계약을 했다면 본격적으로 우리가 매수한 토지에 신축을 위한 멋진 그림을 그려줄 건축사를 정하는 일이 중요합니다. 건축사는 신축 대상 토지에 대한 건물의 설계뿐만 아니라 건축허가 및 사용승인을 받는 것까지, 신축의 전 과정에 중요한 역할을 수행하는 만큼 선정에 신중을 기해야 할 것입니다.

　건축사를 탐색하는 방법에는 다음의 4가지가 있습니다.

　첫째, 시공사 추천

　평소에 알고 있던 시공사가 있다면, 시공사를 통해서 건축사를 소개받는 것도 방법입니다. 시공사가 소형 건물 신축에 전문성이 있다면, 그 건물의 설계를 담당한 건축사도 당연히 소형 건물 신축에 전문성이 높을 가능성이 큽니다. 그리고 시공사와 건축사가 관계가 원만하다면 시공 과정에서도 서로 합을 잘 맞춰서 원활하게 신축을 진행할 가능성이 높기 때문에 나쁘지 않은 선택이라고 생각합니다.

둘째, 지인 추천

주변에 친지나 친구 또는 지인을 통해서 추천을 받는 경우입니다. 아무래도 지연이나 학연이 있는 건축사를 통하면 조금 더 설계에 신경을 써줄 수도 있고, 건축허가와 사용승인까지도 건축사와 의사소통이 원활하게 이루어져 좀 더 나의 의도에 맞는 건물을 신축할 가능성이 커질 것입니다.

셋째, 지역 부동산이나 해당 지역의 건축사를 직접 검색

먼저, 지역의 토지 전문 부동산은 앞서 말씀드린 것처럼 건축업자들과도 긴밀하게 연결되어 있지만, 추가적으로 지역의 전문 건축사들과도 네트워크가 형성되어 있는 경우가 많습니다. 그럴 경우, 해당 지역의 전문 건축사를 쉽게 섭외할 수 있는 장점이 있습니다. 그다음으로는 직접 해당 지역에서 직접 건축사 사무소를 살펴서 건축사를 찾아볼 수도 있습니다. 될 수 있는 대로 신축 대상 지역에서 활동하는 설계사를 선정하면, 설계 허가의 경우 해당 구청 건축과에서 관할하기 때문에 수월하게 진행할 수 있습니다. 구청마다 건축법 조례가 조금씩 상이하기에 이러한 미세한 차이를 설계에 반영할 수 있는지가 관건입니다.

건축사를 선정하는 마지막 방법은 거리에 지나가면서 마음에 드는 건물을 발견하게 되었을 때, 해당 건물을 설계한 건축사 사무소를 찾아보는 것입니다. 해당 건물의 지번을 찾아서 건축물대장을 뽑아보면, 설계를 담당한 설계사무소를 찾을 수 있습니다. 방문해 직접 면담해보면서 해당 건축사와의 소통이 원활하게 진행되는지를 판단해봅니다.

건축사들이 우리가 짓고자 하는 소형 주택만을 전문으로 하는 것은 아니기 때문에 친절하지 않은 경우도 많고, 계획설계는 비용을 낸다 해

도 해주지 않는 경우도 많지만, 여러 방법을 동원해 나에게 맞는 건축사를 찾아야 합니다.

건축사사무소를 탐색해 원하는 건축사를 찾았다면 다음의 사항에 유의해 설계계약서를 작성해야 합니다.

설계 표준계약서로 작성

일부 설계사들은 표준계약서가 아닌, 설계사에게 유리한 계약서를 따로 작성해서 계약하는 경우가 종종 있습니다. 이럴 경우, 건축주에게 불리한 조건으로 인해 나중에 피해를 볼 수 있으므로 건축사협회에서 제정한 설계표준계약서를 통해서 세부 계약 내역을 정리할 것을 권합니다.

설계 기간 명시

설계계약서 작성 시 실시 설계의 1차 제출 기한, 2차 검토 기한, 3차 최종 제출 기한 등의 설계 기한을 명시하는 것이 좋습니다. 이렇게 설계 기한을 명시함으로써 건축사가 설계에 대한 기한을 인지해 기한 내에 설계가 마무리될 수 있도록 합니다.

대금 지급의 기간 명시

설계비의 대금 지급은 통상적으로 계약 시 30~40%, 건축허가 취득 시 40~50%, 사용 승인 시 10~30% 내외로 설정합니다.

설계 변경 시 설계 변경 비용

통상적으로 실시 설계 후 허가도면이 나오고, 건축허가를 득한 후에 설계 변경은 추가 설계비를 제공해야 하며, 이를 건축사와 협의 후 조정합니다.

설계 비용의 부차적인 비용

해당 구청에서 설계 의도 구현 계약을 요구할 경우, 설계 비용 외에 부차적인 비용이 들어가게 됩니다. 그러므로 애초에 건축사와 협의해 설계 의도 구현 비용을 설계계약에 포함시키는 경우도 있습니다. 보통 설계비의 7~10% 정도를 산정한다고 합니다. 6층 이상의 건물이나 3층 이상의 필로티 구조일 경우 구조감리를 해야 하고, 그에 대한 비용도 발생합니다.

3

시공사 선정 및
계약

설계사를 선정했다면 허가도면을 진행할 동안 시공사를 알아봅니다. 사실 소형 신축 사업에서 가장 중요한 과정이 바로 이 시공사를 선정하는 과정입니다.

소형 신축을 추진하는 우리는 삼성물산이나 GS 건설처럼 대형 건설사 등과 계약을 통해서 신축을 진행할 수 없습니다. 대개 대표 1인과 몇 명의 실무자로 구성된 소형 종합건설회사와 시공계약을 통해서 시공을 진행할 수밖에 없는 구조입니다. 이때 믿을 수 없는 시공사를 만날 경우, '건축하면 10년 늙는다'는 것을 경험하게 됩니다. 시도 때도 없는 건축비 증액 요구나 시공 지연, 그리고 부실시공의 가능성까지 생길 수 있기에 믿을 수 있는 시공사 선정이 무엇보다 중요합니다.

시공사 또한 탐색 및 선정과정이 중요한데, 탐색방법은 다음과 같습니다.

첫째, 내가 신축할 곳 주변에 마음에 드는 건물의 시공사를 선정합니다.

신축을 하게 되면 주변에 신축 중이거나 신축이 완료된 건물을 많이 보게 됩니다. 이때, 그 건물의 시공사를 알아내서 그 시공사와 시공계약을 하는 것도 하나의 방법입니다.

아무래도 이미 내가 마음에 드는 결과물을 내놓은 시공사이기도 하고, 그 시공사와 계약을 하게 되면 최소한 완공된 결과물이 있기에 그만큼 리스크를 회피할 가능성이 큽니다.

이때, 만약 내가 마음에 드는 건물의 건축주를 만나서 미팅을 할 수 있다면, 좀더 사실적인 이야기를 들을 수 있습니다. 건축주와의 미팅을 통해 신축과정의 애로사항, 그리고 시공사의 장단점 등을 들을 수 있다면 시공사 선정에 많은 도움이 될 것입니다.

둘째, 부동산 중개사무소를 통해 시공사를 소개받는 방법입니다.

건축사 탐색과 같은 맥락으로 토지 전문 부동산은 필연적으로 건축업자나 시공사 관계자와 네트워크를 구축하고 관계를 갖기 마련입니다. 이때 이러한 토지 전문 부동산을 통해서 시공사를 소개받는다면, 아무래도 우리의 소형 신축 사업에 대한 이해도가 높은 시공사일 확률이 높습니다.

셋째, 대한건설협회에 들어가서 내가 원하는 지역에 소규모 주택을 많이 건설한 시공사를 직접 찾아보는 방법이 있습니다.

좀더 신뢰성 있는 시공사를 선정하기 위해 실적, 자본금 등을 확인하고 홈페이지나 블로그가 있다면 확인해볼 필요가 있습니다. 시공사와의 미팅은 가급적이면 시공사 사무실에서 하는 것이 좋습니다. 회사 규모나 분위기를 느낄 수 있고, 조직 구성을 파악할 수 있으며, 현재 진행하는 일에 대한 정보도 쉽게 알 수 있기 때문입니다. 그리고 지명원을 요청해 공사 실적 및 해당 시공사가 지은 건물들에 대한 이미지 등도 확인하고, 마음에 드는 곳이 있다면 실제 방문해봅니다.

가급적 신축 토지 인근 지역에서 주로 활동하는 시공사를 선정하는 것이 유리하다고 생각합니다. 소형 종합건설사의 경우 주로 1~2개의 구청을 주요 근거지로 해서 건축을 시행하고, 인적자원 및 물적자원의 한계로 전방위 지역으로 시공을 하기 어려운 경우가 많이 있습니다. 해당 지역 건설사의 경우, 지역 내 평판을 중요시여기고 해당 건축물이 어디에서 건축하는지가 다 소문이 나기 때문에 건축 시 신경을 쓸 수밖에 없습니다. 또, 거리가 근접하다면 신축 후 하자보수나 A/S요청 시 거리가 먼 지역보다는 신속하게 대응해줄 수 있을 것입니다.

시공사들 중에서 몇 군데를 정해 미팅을 진행해보며 지명원도 확인해보고, 해당 업체의 건축물도 확인했다면 마음에 드는 곳에 견적을 받아야 합니다. 허가도면을 시공사에 주고 가급적이면 조건을 동일하게 제시해 견적을 받는 것이 비교하기가 수월합니다.

이론적으로 가장 합리적인 방법은 도면에 준수해 건축주가 원하는 자재와 사양으로 내역서를 작성해 개수와 가격을 받아 비교를 하는 것입니다. 하지만 내역서를 작성하는 데 비용이 발생하고 내역서 자체가 완벽하지 못할 경우 오히려 분쟁의 소지가 될 수 있기도 합니다. 이런 경우를 대비해 내역서로 견적을 받을 경우에는 특약계약서를 별도록 작성해 "내역서는 참고용이고, 도면에 있는 공사는 모두 진행한다"는 내용을 꼭 명시해야 합니다.

견적을 받아보고, 합리적인 단가를 제시한 업체를 선정했다면 이제는 세부 내용들을 맞춰나가며 다시 금액 협의를 해야합니다. 외부 및 내부 마감재, 창호, 가전 등의 사양 및 견적 포함 여부, 민원 처리에 대한 책임 등은 매우 중요하므로 세심하게 체크해 불분명한 부분들은 꼭 협의를 해 명확하게 하는 것이 좋습니다.

계약서는 설계계약서와 마찬가지로, 민간표준계약서를 기준으로 작성합니다. 그리고 본문 내용 외에 명확하게 하고자 하는 내용이 있다면 특약계약서를 별도로 작성합니다.

4

대출 은행 선정

대출은 자기자본 규모를 결정하는 가장 중요한 자금 확보 절차입니다. 대출을 통해 최대의 레버리지가 되지 못하면 추가적인 자기자본 투입이 필요합니다.

먼저 자금 계획을 정리해 투자 가능 금액과 필요한 대출 금액을 확인합니다. 주거래 은행이라도 신축 관련 대출을 많이 다루는 은행이 아니면 토지 대출과 기성 대출에 대한 조건이 좋지 않을 수 있습니다. 종합건설회사에서 소개받는 경우는 토지 대출과 기성 대출을 많이 해봤을 가능성이 크고, 시공사와 이미 거래했던 실적이 있기 때문에 대출이 수월하게 진행될 수 있습니다.

은행을 통해 대출 가능 금액 및 이자율, 신축주택 완공 후 상환조건 등을 면밀히 확인해 본인에게 가장 잘 맞는 은행을 선정합니다.

신축 사업으로 받는 대출은 보통 기존 구축의 멸실을 전제로 한 나대지 형태로서의 사업자 대출로 진행됩니다. 토지담보대출이라고 하는데, 이것으로 토지 매입의 잔금과 신축 자금의 일부를 확보하게 됩니다.

공사비는 보통 PF대출(Project Financing)을 받게 되는데, 이것은 특정 프로젝트의 사업성을 평가해 돈을 빌려주고 사업이 진행되면서 얻어지는 수익금으로 자금을 되돌려 받는 개념입니다. 따라서 대출계약 시 사업계획서나 수익성 분석자료를 제출해야 하고, 공사 완료에 따라 순차적으로 공사비를 시공사에게 지급합니다.

1금융권은 통상적으로 대출 이자는 낮은 편이나, 대출 규모가 감평액의 70%를 넘지 못하고, 2금융권의 경우 대출이자는 1금융권 대비 1% 정도 높지만, 대출 규모는 1금융권보다는 추가 확보 가능합니다. 2금융권을 선택할 경우에는 통상적으로 준공 후 1금융권으로 대환대출을 하는 경우가 많습니다.

자기자본 규모 판단을 통해 각 금융권 장단점을 분석한 후 신중한 선택이 필요합니다.

7장

착공부터
임대까지

공존 Gunja 신축 과정

건축물 철거

철거를 위한 비계 설치

철거 공사 후 폐기물 처리

 건축물의 철거는 철거업체를 따로 알아봐서 해도 되지만, 시공업체에 철거까지 함께 맡겨 일임하는 것도 좋은 방법입니다. 철거만 하는 업체의 경우, 철거만 끝나면 철수하게 되지만, 시공사의 경우 철거가 끝나면 시공을 이어나가야 하기 때문에 주위 민원이나 철거 후 신축 공사에 필요한 배관 등에 대해 더 신경을 쓰지 않을 수 없기 때문입니다.

① 철거 과정

전기수도, 가스 등 미리 철거 → 비계 설치 → 철거

② 기존 건축물 철거를 위한 건축 멸실 신고

석면 조사 결과서 발급 → 건축물 철거 멸실 신고서 작성 → 건축물 철거 멸실 신고필증 발급 → 건축물대장 말소 신청 → 건축물 멸실 등기 신청

최근에는 민원 요소를 줄이기 위해 구청에서 주변 건물에 크랙 계측기를 설치하거나, 공사 현장을 촬영하는 CCTV를 설치하기도 합니다. 철거 전에 기존 정화조는 반드시 청소해야 하며, 청소 영수증은 건축물 멸실 시 첨부해야 합니다.

측량

① 경계복원측량

지적측량바로처리센터 홈페이지

철거 후 대지 경계를 확인하기 위한 측량이 필요합니다. 보통은 시공업체에서 대행합니다. 구청에 착공신고서 제출 시 '경계복원 착공신고서'를 첨부해야 합니다.

만약 뒷집이 토지 경계를 넘어왔다면 넘어온 만큼 대지 경계선 후퇴가 필요하며, 건물의 크기를 줄이거나 이동을 하는 등 설계 변경이 필요하기도 합니다.

경계복원측량 현장   경계복원측량 표시

② 지적 현황 측량

골조 공사 중에 하는 측량으로 건축물의 대지경계와 이격거리를 확인하기 위해서 진행합니다.

지적 현황 측량

가설 공사

본 공사 각 시공 단계마다 임시로 설치해 사용하는 가설재 공사로, 공사 완료 후 해체 또는 철거됩니다.

동바리

거푸집

지정 공사

지정 공사는 터파기, 잡석다짐, 버림콘크리트 순서로 진행되고 지면의 흙을 파내는 첫 번째 과정을 터파기라고 합니다. 설계도면 대로 깊이 산정하며 보통 70~800mm 정도로 진행합니다. 이때 발생하는 토사는 일부 반출하고 일부는 되메우기에 쓰입니다.

지면을 평평하고 단단하게 다지기 위해 잡석을 다지는 것을 '잡석다짐'이라고 합니다. 그 위에 PE 필름을 깔고, 단열재 시공을 하게 됩니다. PE 필름은 습기를 차단하는 것이 목적이고, 단열재는 말 그대로 단열이 목적입니다. 해당 도면을 확인해보면 단열재 스펙이 명시되어 있습니다.

터파기

잡석다짐

정화조 및 PE 필름 시공

잡석다짐 후 60~100mm 정도로 콘크리트 타설을 해 2~3일 정도 양생을 합니다. 하절기의 경우, 수분 증발이 크기 때문에 물을 뿌려 균열을 방지합니다. 동절기에는 2℃ 이하가 되지 않도록 온도를 유지해 부피 팽창을 방지합니다. 기초 콘크리트

1층 바닥 콘크리트 타설

가 양생 되면 지표보다 깊게 파진 곳을 되메우기하고, 건축물이 올라갈 위치에 먹줄치기를 합니다. 건물의 정확한 모양과 위치를 잡기 위해 먹줄을 치는데, 건물의 위치를 잡는 작업이기 때문에 매우 중요한 작업입니다.

레벨 측량은 과업 구간의 지반고뿐만 아니라, 구조물의 높이를 사람의 육안으로 확인하고 계획하는 장비입니다.

먹줄치기 및 레벨 측량

철근 콘크리트 공사

버림 콘크리트 위에 기초 철근을 배치하고, 사방 바깥쪽에서 거푸집을 설치해 콘크리트를 타설하면 1층 구조가 완성되고, 2층 골조 공사가 시작됩니다. 골조가 올라갈 때마다 비계 및 안전망 등을 설치해 안전하

1층 기초 철근 배근

1층 콘크리트 타설

고 원활한 공사가 가능하도록 합니다. 이 작업이 진행될 때 건축주는 배관의 위치(오수, 우수 등), 전기 배전반의 위치, 전기 콘셉트의 위치, 창문의 높이 및 크기, 창틀의 철근 보강 등이 제대로 되어 있는지 확인해야 합니다.

근린생활시설의 경우 기둥과 보만 세우고, 주택은 벽체를 세워 방, 거실, 부엌 등으로 구분하므로 공사비가 더 많이 들고, 시공 과정에도 더 신경을 많이 써야 합니다. 2층 거푸집이 완성되면 콘크리트 타설을 시작하고, 콘크리트 양생이 완료되면 먹매김을 하고 2층 형틀과 벽체 작업을 합니다. 레미콘 타설 시에는 끊지 않고 한 번에 하는 것이 중요합니다. 그렇지 않으면 추후 크랙(crack), 누수 등 부실 공사의 원인이 될 수 있습니다. 2층 천장·슬래브 공사를 한 후에는 3층을 위한 철근을 뽑고 3층 바닥 철근 공사를 합니다. 타설 후 2~3일 정도 양생 후 3층 바닥 먹줄치기를 하고, 벽체 철근 작업과 거푸집을 설치하고 3층 천장·슬래브를 설치합니다. 이렇게 반복해 철근 콘크리트 공사를 완성하게 됩니다.

2층 바닥 콘크리트 타설

내장재 선택

골조를 올리는 동안 건축주는 바닥, 창호, 싱크대, 문, 타일, 벽지 등 원하는 타입의 내장재를 선택하게 됩니다. 건물의 매도를 생각하고 있고, 주인세대가 있다면 해당 층의 인테리어 부분은 매수자 성별이나 연령대의 취향에 따라 각별히 신경 쓸 필요가 있습니다.

몰딩색 선택

벽지

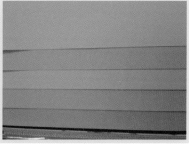

싱크대

싱크대 상판

외벽 타일

문 작업

문틀 작업

문틀 작업을 하고, 그 주변에 틈 메우기를 합니다.

방수 작업

옥탑 외벽과 화장실 및 엘리베이터에 방수 작업을 합니다.

엘리베이터 방수 작업

화장실 방수 작업

옥탑 방수 작업

창호 작업

철 프레임 프라이머 작업

창틀 작업

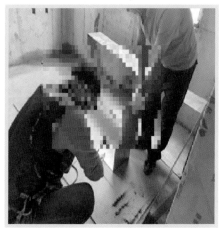

창문은 환기와 일조량에 직접적인 영향을 주는 중요한 역할을 합니다. 창문이 너무 크면 열 손실도 크고, 차면 시설을 해야 해서 추가적으로 비용이 발생합니다.

설계도면에 창의 크기, 형태, 유리 두께는 표시를 하지만, 색상과 제

조회사는 별도로 협의해야 합니다. LG, KCC 등 대형회사와 소규모 공장 제품의 가격 차이가 크기 때문에 사전에 협의가 되어야 합니다.

미장 작업

① 바닥 미장

골조 공사 시 콘크리트 타설을 하는데, 이때 바닥 면을 매끈매끈하게 만들기 위해 미장 작업자가 투입됩니다.

② 벽체 미장

벽 부분에 시멘트 몰탈이 단단히 붙을 수 있도록 몰다인 등을 첨가해 시멘트를 섞어서 벽체 미장을 합니다.

③ 계단 미장

계단 복도는 벽체 미장과 같이 진행하는데, 계단 천장면은 '견출'이라고 불리는 시멘트 물을 아주 얇게 칠합니다.

④ 방통 미장

방바닥에 난방 배관을 깔고 그 위에 마무리로 평평하게 하기 위해 미장을 합니다.

⑤ 부분 미장

옥상이나 베란다 등에 벽돌, 콘크리트 등으로 노출되어 남아 있는 곳을 부분 미장으로 마감합니다.

마무리 미장 공사

미장 공사 후 보일러 배관 배치

외기와 접하는 층의 단열재 위 방통 미장

타공 작업

냉·난방 전열기 설치를 위한 코어 작업과 에어컨 설치를 위한 타공 작업도 진행합니다.

냉·난방 배관 코어 작업

에어컨 타공 작업

계단실 도장 작업

계단실 도장

계단실은 그라인더로 거친 면을 갈아내는 작업을 하고, 천장에 얇게 미장한 후 도장을 합니다.

승강기 조립

승강기 조립을 위해 입고된 승강기 재료들입니다. 발판 작업을 한 후 조립을 시작합니다.

승강기 조립

승강기 조립

타일 작업

건물을 지을 때 타일을 부착하게 되는 곳은 욕실 벽과 바닥, 주방 타일, 현관 타일, 계단 벽 마감 등입니다. 요즘은 큰 타일이 유행하는데, 가격이 부담스럽다면 벽과 바닥타일의 톤을 비슷하게 맞추면 좁은 공간이 조금 확장되어 보이며 세련된 느낌을 줄 수 있습니다. 논현동이나 방산시장, 답십리 고미술 상가 근처 등에 타일 가게가 많이 있습니다.

화장실 타일

화장실 타일

계단 타일 작업

계단 벽 타일

계단은 칠 또는 타일로 마감할 수 있습니다.

내벽 단열 및 석고보드 작업

내벽 단열재 및 석고보드

외벽과 맞닿은 부분은 아이소핑크 단열재와 석고보드를 함께 붙이고, 내부 벽은 석고보드만 붙이는 작업을 합니다.

돌림 계단 목수 작업

옥탑 돌림 계단

옥탑 돌림 계단

외벽 작업

외벽을 롱브릭 타일로 하는 경우, 콘크리트 벽에 접착제를 발라 녹색 망을 벽에 붙여줍니다. 그다음, 첨가제와 시멘트 반죽을 해서 발라주고,

건조시킵니다. 망은 유리섬유로 되어 있어 시멘트가 갈라지는 것을 방지해주고, 면의 평활도를 좋아지게 하며, 타일의 무게를 지탱시켜줍니다. 시멘트가 건조되면 바닥에 먹매김을 한 것처럼 벽에도 정확한 직선이 될 수 있도록 먹매김을 합니다. 그리고 벽 고정 철물로 콘크리트 벽, 단열재, 그물망, 얇은 시멘트를 일체화시킵니다.

외벽 작업

외벽 작업

외벽 작업

메지 작업이 끝나면 발수제 작업을 합니다.

계단 및 옥상 난간 작업

계단실 난간

옥상 난간

비계 해제

비계 해제

가스배관 설치

가스배관 설치

현관문 설치

현관문 설치

상수도 인입 및 하수도 연결 작업

상수도 인입

상수도 인입

싱크대 작업

싱크대 설치 작업

바닥 데코타일 작업

바닥 데코타일 작업

바닥 데코타일 작업 완료

주차장 콘크리트 타설 및 도로 경계석 설치

주차장 콘크리트 타설

주차장 도로 경계석 설치

담장 작업

담장 작업

도로 포장 작업

도로 포장 작업

내부 마무리 청소

내부 마무리 청소

완공

완공 사진

완공 사진

시공사 인수·인계받기

시공 부분 보완사항 체크하기

공사가 완료되면 시공사로부터 인수인계를 받아야 합니다. 인수인계를 받기 전에 건물 전체에 미완료된 부분은 없는지 다시 한번 체크해 서로 번거로운 일이 없도록 하는 것이 좋습니다.

보완사항

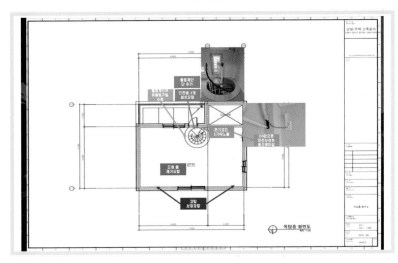

다음은 인수인계를 받기 전, 건물 전체를 확인해 보완할 점을 표시한 예시입니다.

보완사항

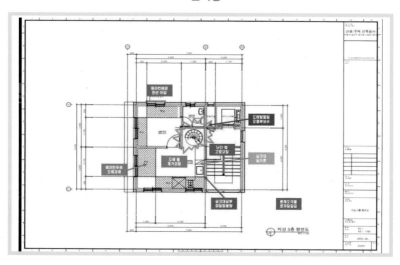

보완사항

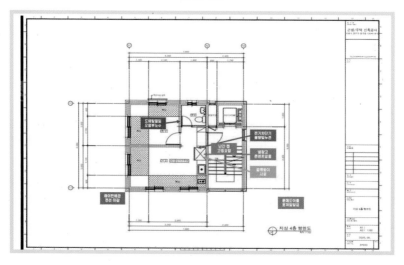

보완사항

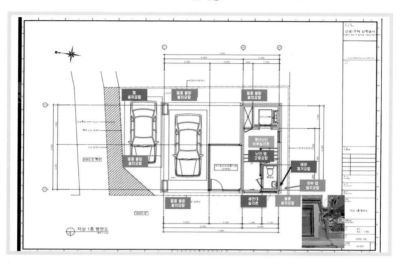

보완사항

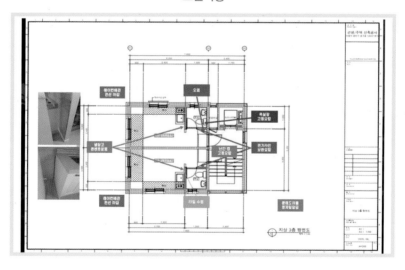

인수·인계받기

보완사항들을 다 체크했다면 다음의 사항들을 확인해 인수인계를 받으면 추후 건물 관리를 수월하게 진행하실 수 있습니다. 공사의 하자 등은 시공사에서 하자 보증 기간 동안 보수를 받지만, 만약에 경우에 대비해 가능하다면 공사 담당 연락처 등도 함께 받아놓으면 유용할 것입니다.

인수인계 확인서

인수인계 확인서

인수인계 목록

1. 건축도서(신청서, 허가증 및 영수증 등)
2. 하자보증이행증권
3. 시공업체 및 공사 담당 연락처
4. 자재품목 내역 및 인허가 서류
5. 건물열쇠
6. 기타 인수해야 될 사항은 수기로 작성

2020년 11월 20일 (금)

인계자
○○○○산업(주)
대표자 ○○○(인)

인수자
○○○
대표자 ○○○(인)

3

수익 극대화를 위한
임대 전략

효율적인 임대 세팅

효율적으로 임대 세팅을 하기 위해서는 토지 매수 전부터 임대할 것을 염두에 두고 토지를 검토해야 합니다. 혼자 사는 세대라도 원룸이 잘되는 지역이 있고, 1.5룸이 잘 되는 지역이 있습니다. 가성비가 좋은 지역은 원룸을 선호하는 사람이 많고, 소득 수준이 높은 곳은 1.5룸도 그만큼 금액을 많이 받을 수 있기 때문에 1.5룸으로 구성해도 수익률이 떨어지지 않습니다. 그런 경우 1.5룸의 비중을 늘리면 수익률은 유지하면서 세대수가 적어 관리가 비교적 쉽습니다.

지하철과의 거리 500m 이내의 역세권에는 주요 임차인이 20대입니다. 젊은 세대들은 월 임대료에 대한 부담이 있고, 주차에 대한 필요성이 적으므로 50평대의 토지를 구해 4~5평대의 원룸으로 구성하면 수익을 극대화할 수 있습니다. 역과의 거리가 500m 이상인 경우는 좀 더 넓은 생활 공간을 구성해 30대를 타깃으로 1.5룸 또는 투룸을 구성해볼 수 있습니다. 이런 경우, 자차로 인해 주차 필요성이 높기 때문에 토지도 50평 이상을 확보하는 것이 좋습니다.

　주변에 대단지 아파트가 많고, 학교가 많아서 가족이 살기 좋은 환경에서는 가족 단위의 임차 수요가 많기 때문에 투룸, 쓰리룸 또는 주인세대 구성을 통해 전세 보증금을 최대한 확보할 수 있고, 한 세대의 평형이 커지면 공사비를 절감할 수 있습니다.

　완공 후 임대를 놓을 때는 일단 주력 부동산을 선정합니다. 원룸 임대를 내놓을 경우 그냥 동네에 내놓는 것보다는 원룸만 전문적으로 하는 부동산 중개사무소를 찾아 임대를 놓으면 훨씬 빠르게 임대를 맞출 수 있습니다. 요즘 원룸을 구하는 젊은 세대는 그냥 지나가다가 부동산 중개사무소에 들어와 매물을 찾는 경우는 거의 없고, 인터넷으로 원하는 가격과 조건의 매물을 확인한 후, 전화를 걸어 방문 날짜를 잡는 식으로 방을 보러 오기 때문입니다.

　주력 부동산 중개사무소를 정했다면 임대가는 그 중개사무소와 협의해서 산정합니다. 주력 중개사무소가 해당 건물을 방문해 주변 시세 및 신축 프리미엄을 반영해 금액을 제시하면 그것이 적절한지 파악해 임대가를 산정합니다.

　좀 더 빠르게 임대를 맞추고 싶다면, 부동산 수수료를 조금 더 지급한다든가, 직접 집을 보여주러 다니는 매니저들에게 간단한 선물을 하면 건물 임대에 좀 더 신경을 써줄 것입니다.

　완공 후 바로 매매 예정이라면, 임대가가 수익률로 연결되어 건물의 매도가가 결정되기 때문에 조금 시간이 걸리더라도 임대가를 최대한 높게 받는 것이 유리합니다. 다음과 같은 임대표를 건물 앞에 붙여두거나, 중개사무소에 배포한다면 홍보 효과를 얻을 수 있으며, 임대를 맞출 수 있는 호수와 전세자금 대출 등 임대 조건을 정확히 알 수 있어 부동산 중개사무소들이 더욱 적극적으로 임대를 빠르게 맞출 수 있습니다.

임대표

2020-12-21 Updated									
10층	복층형 원룸 4호실	1001호		1002호		1003호		1004호	12월 말 입주가능
		전세 1.8억/8만	전세	1.9억/8만	전세	1.9억/8만	전세	1.9억/8만	
9층	원룸 4호실	901호		902호		903호		904호	즉시 입주가능
		전세 1.4억/8만	전세	1.5억/8만	전세	1.5억/8만	전세	1.5억/8만	
8층	원룸 4호실	801호		802호		803호		804호	
		월세 1천/50만/7만	월세	1천/55만/7만	월세	1천/55만/7만	월세	1천/55만/7만	
7층	원룸 4호실	701호		702호		703호		704호	
		월세 1천/50만/7만	월세	1천/55만/7만	월세	1천/55만/7만	월세	1천/55만/7만	
6층	원룸 4호실	601호		602호		603호		604호	
		월세 1천/50만/7만	월세	1천/55만/7만	월세	1천/55만/7만	월세	1천/55만/7만	
5층	1.5룸 1호실 원룸 2호실	501호(원룸)		502호				503호(원룸)	12월 말~1월 초 입주가능
		월세 1천/55만/7만		2천/80만/8만			월세	1천/60만/7만	
4층	1.5룸 1호실 원룸 2호실	401호(원룸)		402호				403호(원룸)	
		월세 1천/55만/7만	월세	2천/80만/8만			월세	1천/60만/7만	
3층	1.5룸 1호실 원룸 2호실	301호(원룸)		302호				303호(원룸)	
		월세 1천/55만/7만	월세	2천/80만/8만			월세	1천/60만/7만	
2층	1.5룸 1호실 원룸 2호실	201호(원룸)		202호				203호(원룸)	
		월세 1천/55만/7만	월세	2천/80만/8만			월세	1천/60만/7만	
1층		주차장							

< 공통사항 >
* 보증금 조절은 협의가능
* 9, 10층은 전세자금대출 가능
* 관리비는 전기 및 가스 별도
* 주차 선착순 5명 가능 (기계식/월 5만원 추가)
* 애완동물 사육금지 및 흡연금지
* 퇴실청소비 (원룸6만원/1.5룸 및 복층 10만원)

< 유형별 임대현황 요약 >		
복층형 원룸(전세,대출O)	4호실	1.8억~1.9억/8만
일반형 원룸(전세,대출O)	4호실	1.4~1.5억/8만
일반형 원룸(월세)	12호실	1천/50~55만/7만
1.5룸(월세)	4호실	2천/80만/8만
큰 원룸(월세)	8호실	1천/55~60만/7만

스트레스 덜 받는 임대관리 노하우

세입자가 1~2명이 아니라, 10명 이상 되다 보면 임대료뿐만 아니라, 요구 사항 등을 해결하는 데 스트레스를 받을 수 있습니다. 보다 효율적인 운영으로 스트레스를 덜 받으며 운영할 수 있는 몇 가지 팁을 공유하려고 합니다.

첫째, 매월 말일 또는 매월 1일 등 월세 및 관리비 입금일을 통일하면 미납금을 관리하는 데 수월합니다. 납부일 2~3일 정도 지나 입금 여부를 관리해 미납을 체크하면 한 번에 관리가 가능한데, 수납일이 다 다르면 날짜마다 수시로 체크해야 하는 불편함이 있습니다.

둘째, 엑셀로 월세 임차인 내역 및 월차임 등 세부 사항을 정리해놓으면 전달할 일이 있거나 할 때 수월하게 관리할 수 있습니다.

임차인 월차임 세부 내역

층	호실	타입	임차인명	입주일	보증금	월세	관리비	주차	연락처
1	101	원룸	한현*	17.04.16	3,000,000	440,000	60,000	×	
	102	원룸	장정*	17.07.08	2,000,000	440,000	60,000	×	
	103	원룸	고영*	17.04.15	2,000,000	420,000	60,000	o	
	104	원룸	최인*	17.03.31	2,000,000	430,000	60,000	×	
	105	원룸	임종*	17.04.13	20,000,000	290,000	60,000	×	
2	201	원룸	하계*	17.05.13	125,000,000	0	70,000	×	
	202	원룸	배은*	17.03.25	30,000,000	350,000	60,000	×	
	203	원룸	이슬*	17.04.10	25,000,000	430,000	70,000	×	
	204	원룸	전영*	17.06.03	130,000,000	0	70,000	×	
3	301	원룸	노재*	17.06.10	150,000,000	0	70,000	×	
	302	원룸	이경*	17.04.30	120,000,000	0	70,000	×	
	303	원룸	문은*	17.04.16	120,000,000	0	70,000	×	
	304	원룸	이찬*	17.06.30	145,000,000	0	70,000	×	
4	401	주인세대				0			
계					874,000,000	2,800,000	850,000	40,000	3,690,000

셋째, 부동산 임대차 계약 시 특약사항에 월 차임 미납 시 연체 이자가 부과될 수 있다는 내용을 넣어놓습니다. 이 문구를 넣어놓는 것만으로도 임대료 납부일을 정확하게 지킬 수 있도록 임차인에게 다시 한번 주지시키는 계기가 될 수 있습니다.

넷째, 월세 및 관리비 입금일 당일 오전에 메시지를 통해 임차인에게 입금일을 환기시킵니다. 임대료 납부일을 잘 지키지 않는 임차인에게는 지난 후에 메시지를 보내는 것보다 사전에 보내는 것이 더 효과적일 수 있습니다. 또한 세입자에게 월세 입금일이라는 것을 환기시키는 목적과 동시에 혹시 모를 미납에 대한 사후 조치를 빠르게 할 수 있는 장점이 있습니다. 보통 우리나라 사람들은 인정(人情)으로 생각해서 월세가 며칠 밀리더라도 참고 기다리는 경향이 있는데, 이것은 절대 우리의 정신 건강에 좋지 못합니다. 만약 미리 월세를 납입하지 못하는 사정을 알게 된다면, 좀 더 편안하게 기다려줄 수 있고 또 유연하게 대처할 수 있을 것입니다.

다섯째, 월세 미납의 우려를 일부 해소시키기 위해 보증금은 꼭 1년 치 월세보다 많이 받도록 합니다. 예를 들어, 보증금 1,000만 원에 월세 50만 원 정도로 월세가 미납되어도 퇴실할 때까지 월세를 충당해줄 수 있는 보증금이 필요합니다.

여섯째, 월세 3개월 이상 미납 시 내용증명 발송 후, 적극적으로 퇴실을 유도해 장기간 미납되어 난감한 일을 미리 방지합니다. 이때, 전·월세 계약서에 특약들을 넣어두면, 이런 경우에 좀 더 수월하게 일을 처리할 수 있습니다.

월세 계약서 특약사항 예시

- 현 시설물 상태에서 임대차한다.
- 계약일 현재 대상 부동산의 권리 및 시설 상태의 계약이다(개업 공인중개사는 등기사항 전부증명서, 확인 설명서, 공제증서 설명 후 교부).
- 옵션(개별 난방, 에어컨, 세탁기, 냉장고, 옷장, 싱크대, 전기인덕션)은 계약 해지 시 원상 복구한다.
- 관리비 8만 원(수도, 공동전기, 케이블, 인터넷, 건물청소비, 정화조 포함), 가스 및 전기 별도
- 추가 비용 : 퇴실 청소비 8만 원, 1인 추가 관리비 3만 원
- 임차인은 잔금의 일부 또는 전부를 전세 자금 대출을 통해 지불하며, 임대인과 임차인은 전세 자금 대출 업무에 성실하게 임하며 상호 적극적으로 협조한다. 임대인은 대출이 불가능할 경우 임차인이 지급한 금액을 전액 반환한다. 단, 임차인의 고의 또는 불성실로서 대출이 불가능할 경우는 반환하지 않는다. 건물 요인에 의한 전세 자금 대출 불가 시 임차인이 대출 불가 사유를 은행을 통해 증명해야 한다.

- 임대인은 임차인이 잔금을 지급하는 다음 날까지 해당 목적물에 대해 근저당권 및 기타 제한물권 설정을 하지 않는다. 이를 위반할 시 계약은 즉시 무효가 되며 임대인은 임차인에게 위약금을 지급한다.
- 현 목적물 기본 시설 상태 기준으로 임대해 목적물의 보수 및 수선은 임대인의 부담으로 하고 소모성 부분과 고의과실로 인한 파손은 임차인이 원상 복구한다(단, 자연 노후는 제외한다).

임차인 민원사항 응대하기

일반적으로 아파트에 보면 현관 입구에 게시판 같은 것을 부착해 공지사항 등을 안내합니다. 이런 것을 적극적으로 활용하면 일괄적으로 공지할 내용이 있을 경우, 번거로움을 덜 수 있고, 효과적으로 전달할 수 있습니다.

또한, 원룸 임대에 관련해 자주 발생하는 민원 사항을 사례별로 정리한 후, 게시해서 선공지하면 반복되는 질문들을 줄일 수 있습니다. 민원 사항 접수 시 통화 가능 시간도 사전에 고지에 놓으면(예: 오전 10시~18시까지 통화 가능) 낮 시간에 집중적으로 대응할 수 있어서 수월합니다.

세입자 퇴실 시 체크 사항

보증금 정산 전에 도시가스, 전기요금 등 공과금이 미납되지 않았는지 확인합니다. 미납된 금액이 있다면 보증금에서 제외하고 반환해줍니다. 또한 퇴실 후 방 상태를 점검해 옵션 부분이 분실 또는 파손된 것이 있는지, 반려동물이나 담배 냄새가 배지는 않았는지 확인합니다. 이 부분에 이상이 있어 추가 비용이 발생한다면 보증금에서 정산되어야 합니다. 계약 특약 작성 시 청소 관련 주체를 명확히 해서 청소비 6~7만 원도 정산해야 할 부분입니다. 계약 만기가 다가온다면 1~2개월 전부터 퇴실 또는 연장 여부를 확인해 선제적으로 부동산 중개사무소에 임대 의뢰를 해서 공실없이 관리할 수 있도록 합니다.

신축 같은 건물
유지 비결

건물 관리 게시판 게시

건물을 보러 다녀 보면, 어떤 건물은 지은 지 오래되어도 새 건물처럼 깨끗하고, 어떤 건물은 지어진 연식에 비해 매우 노후해 보이기도 합니다. 건물도 사람처럼 어떻게 관리하느냐에 따라 전혀 달라집니다.

입주자 게시판 건물 관리에 유의사항을 기본적으로 공지해둡니다. 꼼꼼히 읽어보고 지키는 사람은 많지 않겠지만, 반복적으로 주지시키는 게 중요합니다. 결로 예방 방안, 분리수거 안내, 건물 흡연 금지 공지 등과 함께 기타 유의사항을 적어서 게시해놓으면 됩니다.

입주자 전달사항 ♥

▶**결로 예방 안내**
✓ 샤워 후 반드시 환풍기를 작동시키고, 창문을 열어 10분이상 환기하기
✓ 뜨거운 물을 끓이거나 취사 후에도 창문을 열어 환기 하기
✓ 틈틈히 창문을 열어 두거나, 선풍기를 사용하여 환풍하기
✓ 화장실 창문은 늘 조금이라도 열어 두기
※ 관리 소홀로 인한 문제 발생 시(곰팡이 생김 포함) 변상을 해야 하므로
　 거주기간 동안 주의해 주시길 부탁드립니다.

▶**분리 수거 안내**
✓ 일물 후 종량제 봉투에 분리하여 지정된 장소에 배출
✓ 골목 끝에서 오른쪽으로 더 가면 지정 분리수거대가 있음!!
※ 지정된 장소가 아닌 건물앞에 대충 버리시면 건물 앞이 동네의
　 "쓰레기 처리장소"가 될 수 있으니, 협조부탁드립니다.

▶**건물 내 흡연은 금지입니다.**

▶**관리비, 월세 입금시 "호실"기재 부탁드립니다.**

▶여러 사람이 함께 생활하는 공동주택입니다.
　 늦은 시간에 세탁기 사용, 층간 소음 이 발생하지 않도록
　 서로 작은 배려해주시기를 부탁드립니다.

건물 내외 청소

시간적인 여유가 있고, 청소에 대한 부담이 없다면 건물주가 직접 일주일에 한 번 정도 청소를 할 수 있습니다. 이 경우, 관리 비용을 아낄 수 있고, 건물 내·외부를 세심하게 살피면서 관리할 수 있다는 장점이 있습니다.

하지만 시간적인 여유가 없을 경우에는 청소 건물 대행업체를 활용해 건물 옥상, 내부 복도 및 계단, 엘리베이터, 창문틀, 건물 외부 정리 등을 주 1~2회 맡길 수 있습니다. 가격은 청소 횟수와 지역, 건물의 규모에 따라 차이가 있지만, 보통 월 7~12만 원 선입니다.

최고가 매도 전략

신축으로 지은 주택을 매도하기로 계획했다면, 매도할 부동산을 선정해야 합니다. 이 경우, 여러 부동산에 내놓는 것도 좋지만, 전문 부동산을 전속으로 연결해 창구를 단일화하는 것이 더 효율적입니다. 부동산에도 임대 관리 전문, 근생건물 전문, 상가주택 전문, 다중주택 또는 다가구주택 전문 등 각각의 전문 영역이 존재합니다. 각 부동산은 각각의 노하우 및 매수자 리스트를 보유하고 있어 전문적으로 매매에 접근할 수 있습니다.

정해진 전속 부동산을 통해 해당 지역과 그 외의 지역까지도 온라인을 통해 매물을 배포해 홍보하고, 목표 매각가를 정해 그 금액으로 매도 시 추가 인센티브를 제공하는 것도 좋은 방법입니다.

매각 목표가 산정 방법

매각 목표가 선정하는 방법은 다음의 2가지가 있습니다.

첫째, 시장 조사를 통해서 비슷한 토지 지분 및 연면적인 신축 건물의 시세를 파악합니다. 예를 들면 50평 대지의 신축 건물이 20억 원에 시세가 형성되어 있다면, 평당 4,000만 원 선에서 거래되고, 내 토지가 45평이라고 하면, 18억 원 정도에 매매할 수 있겠다고 산정하는 방법입니다. 이는 토지를 기준으로 하는 방법이며, 사실 같은 토지라도 3층까지 신축된 건물과 4층 또는 5층까지 신축된 건물의 매매가는 달라집니다. 이때는 연면적을 기준으로 판단해보는 것도 하나의 방법이 될 수 있습니다. 즉, 연면적 100평의 건물이 해당 지역에서 20억 원에 거래된다면 연면적 기준으로 평당 2,000만 원 정도 거래된다는 것을 알 수 있고, 이는 내가 가진 신축 건물이 연면적 기준으로 150평이라면 30억 원에 매매가 가능할 것이라고 판단하는 방법입니다.

둘째, 수익률 분석에 바탕을 둔 매각 목표가 산정 방법입니다.

예를 들어, 다중주택의 경우 그 지역에 매도되는 수익률이 5%라고 한다면, 보증금 5억 원, 대출금 5억 원, 월 순수익이 1,000만 원인 경우 적정 매매가는 34억 원이 됩니다.

보증금 5억 원 + 대출금 5억 원 + 연수익 1.2억 원 / 5% = 34억 원

현재 신축주택 트렌드 반영을 통한 부가가치 창출

신축주택을 매매할 경우, 설계 및 시공 단계에서부터 신축주택 트렌드를 반영해야 합니다. 신축주택의 주 수요층은 50~60대 정도의 나이대로, 아파트에 살다가 나이가 든 후 신축주택에 거주하며 월세를 받는 목적이 가장 크므로 주인세대가 꼭 필요합니다. 주인세대의 인테리어를 특화해 경쟁력을 갖추고 토지 면적이 작더라도 엘리베이터는 꼭 넣는

것을 추천합니다.

신축주택의 건물 시공 자재 등도 중요하지만, 일단 보여지는 것이 외벽과 복도 등이기 때문에 이 부분에 좀 더 비중을 두어 신축한다면 매도 시장에서 우위를 선점할 수 있을 것입니다. 제(맥밀란)가 18년도에 매도한 신축주택 홍보 자료입니다. 현재는 대출 승계가 되지 않아 신축주택 매도가 그 당시보다는 쉽지 않은 상황이고, 지역마다 차이가 있겠지만, 수익률도 이보다는 낮게 거래되고 있는 상황입니다.

신축 건물 매매 예시

1. 물건현황

주소	서울 관악구 신림동
토지면적	49평
건물연면적	95평(공부상), 사업면적 111평
지역/구조	제2종일반주거지역/철근콘크리트조
주차	옥외자주식 2대
건물용도	단독(다중)주택
임차현황	원룸5실, 1.5룸8실, 주인거주1실

2. 임대현황 (단위 : 만원)

층	세대수	보증금	월세	관리비	비고
1층	5	2,500	200	30	1룸-6실
2층	4	30,000	90	28	1.5룸-4실
3층	4	56,000	0	28	1.5룸-4실
4층	주인세대	0	0	10	전세임대시: 3억
주차비2대		0	0	8	
합계	13	88,500	290	104	

3. 매매조건

매매가	20억	융자금	6억	(월이자 3.6% 182만원)
보증금	8억8천5백	월총수익금	394	
현금인수가	5억1천5백	은행이자 차감	212	년간수익금: 2,544만원

4. 최종 수익률
주인세대 임대시: 자기자본 2.55억 투자, 년간 3600만원 수익!! 수익률 대박 !!!
주인세대 입주시: 자기자본 5.55억 투자, 년간 3,600만원 수익!! 그리고 실거주 동시만족!!!
자기자본 수익률: 14.11%
자기자본 수익률: 6.5% (주인거주시)

5. 기타
보라매역 도보 5분거리 // 농심,SK,키움증권,여의도 등 수요층 다양 // 각실개별난방

8장

새로운 시작,
서울 역세권에
꼬마빌딩
건물주 되기

1

다이룸님의 고진감래 가락동 스토리

드디어 서울 땅을 사고야 말았네요. 꿈만 같습니다. 거기에 잔금 전, 멸실까지 수월하게 진행되었다는 것도 믿기지 않고, 이렇게 수월한 계약을 하려고 그동안 엄한 곳에서 갈피를 못 잡고 많이 방황했나 싶습니다. 그간의 시행착오가 있었던 탓에 가락동은 물 흐르듯 자연스럽게 진행되었다는 생각도 드네요. '역시, 세상에 거저 얻는 건 없나 보다' 스스로 자축하며 혼자 빙그레 웃고 있습니다. 잠깐, 그간의 '토지 찾아 삼만 리' 과정을 스케치해보겠습니다.

2021년 3월 - 신축이 뭔데요?

다른 분들과 다르게 저는 사실 신축에 먼저 관심을 갖고 신축입문반을 신청한 상황이 아니었습니다. 노후 대비 월세 고민을 하는 제게 건물주 선배인 친구가 "그러지 말고 너도 와서 우리 와이프가 운영하는 신축스터디 카페가 있으니 와서 듣고 공부해봐. 수익률 계산도 배우고, 그래야 아파트로 월세를 세팅하든 뭘 하든지 하지"라고 이야기해주었습니다. 이 말을 듣고 '그래, 투자 공부는 끝이 없는 거지, 배워서 남 주나?'

하는 심정으로 아무 배경 지식 없이 주말마다 군자역으로 수업을 받으러 간 것이 첫 시작이었습니다. 무슨 대단한 포부가 있는 것도, 정말 신축을 하고 말겠다는 정신 무장도 없이 말이죠.

2021년 4월 - 난생처음 건물을 올려보는 상상을 하기 시작하다!

신축 과제로 매물 조사를 나선 날, 신길역을 거쳐 망원역에 내린 순간, 망원동의 매력에 폭 빠져버렸습니다. 활력이 느껴지는 거리, 생활하기 편한 주변 환경, 서교동의 깨끗한 분위기에 망원역 2분 거리 초역세권 물건을 보고는 홀라당 마음을 빼앗겨 여기에 어떤 건물을 지어야 할까 상상하기 시작했죠. 하지만 계약과 포기가 번복되면서 허탈감에 기운이 쭉 빠져 네이버 매물 지옥에 빠지기 시작합니다.

2021년 6월 - 색다른 방황이 시작되다

서교동 물건이 입지 대비 매가가 싸다 보니, 그게 기준이 되어버려서 그보다 못한 입지의 더 비싼 땅은 손해 보는 것 같고, 인터넷으로 보이는 수많은 매물 중 뭘 들여다 봐야 할지 마음을 정하지 못해 방황했던 시간이네요. 지금 돌이켜 생각해보면 그때 매물을 보러 현장으로 다니기 시작했으면 아마 많은 것이 달라졌을 것 같은데, 그때만 해도 망원역 이외에는 관심이 없다 보니 임장은 다니지 않았습니다.

이때, 공존에서 추천해주신 물건들을 접하게 되고, 대림역 물건이 열흘 만에 빠르게 사라지는 것을 보면서 내가 세운 기준 안에 들어오면 결정도 빨라야 한다는 것을 느꼈습니다. 여러 동네의 물건들을 보았는데, 염창역 물건은 주인이 자꾸 매가를 올리고 있어서 생각보다 수익 분석 매력도는 떨어졌고, 암사역 근처의 맘에 들었던 매물은 이미 계약이 되었다고 하고, 이때 이후부터는 토지 매가 수준을 높이게 되었습니다.

둔촌동역 근처는 가성비는 좋았으나 골목 끝 집으로 주차가 될까 싶어 패스했고, 대흥역 근처는 정말 마음에는 드는데, 반지하까지 넣어봐도 수익성이 나오지 않아 매입 결정을 하지 못했습니다. 명일역은 막다른 골목 끝 집만 보다가 처음 본 사거리 코너 물건이었는데 근생이 되는 지역이라 괜찮다고 생각했으나, 지가 대비 임대가가 나오지 않아서 역시나 수익률에서 머뭇머뭇할 수밖에 없었습니다.

그렇게 갈피를 잡지 못하고 방황하는데 공존에서 한번 분석해보라고 알려주신 방이동 자루형 토지를 접하면서 송파구에 눈이 떠졌습니다. 그날 함께 투자하는 언니와 눈빛을 교환했습니다. '언니, 우리 송파구에서 합시다!' 수익에만 초점을 맞추지 말자, 서울 땅 가져갈 수 있으면 우리가 가져가자!

이제부터가 본 게임입니다. 주말도 부족해 평일 퇴근 후 송파구로 가기 시작합니다. 그리고 이거다 싶은 매물을 발견합니다.

'아! 드디어 송파나루에서 신축 1호를 한단 말인가?'

'나도 드디어 계획설계라는 것을 떠본단 말인가?'

매물을 놓치고 싶지 않아서 바로 맥밀란님께 계획설계를 부탁드리고, 생각보다 잘 나온 결과에 행복해하며 적극적인 매수 의사를 보냈습니다.

매수인은 "그래요 그럼, 이제 나도 이사 갈 집을 구하고 연락할게요"라고 말했으나, 열흘이 지나고 한 달이 지나도 매도자는 이 핑계, 저 핑계 대며 실제로는 매도 의사 없이 약만 올리고, 시간은 지나갔습니다.

계속 기다릴 수만은 없어서 다른 물건도 검토해보며 송파구의 삼전역 추천 물건을 시급하게 계획설계를 확인하고 계약 일자를 잡았습니다. 그런데 그 전날, 매도인 할아버지께서 쓰러져서 아산병원 중환자실에 있다는, 도저히 듣고도 믿지 못할 상황이 벌어졌습니다.

아마 이 글을 읽는 분은 모두 '세상에 이런 일이?'라고 하실 것 같습니다. 물건을 소개한 부동산 중개사무소 소장님도 자기 중개인 인생에서도 이런 일은 처음이라고 하시네요. 이쯤 되니 지치더라고요.

'아…. 신축은 나랑 인연이 아닌 걸까? 사겠다고 덤벼도 계약을 할 수가 없네. 이 뜨거운 여름에 기미 따위 두렵지 않다며 그렇게 현장을 돌아다녔는데….'

주말마다 나가는 엄마를 바라보는 9살 아들의 애잔한 눈망울이 떠오릅니다. 여기서 포기하기엔 무언가 아쉬움에 화가 났습니다.

설마 송파구에 나랑 인연 닿는 땅이 설마 단 한 개도 없을까 싶어 어차피 지역과 방향은 정했으니 계속해서 매물을 뒤져보기 시작했습니다. 그리고 드디어!

8월 13일 금, 저녁. 매물 한 곳을 보고 토지이용계획 출력

8월 14일 토, 현장으로 달려가 확인 후 카페에서 일조 사선 체크, 수익 분석

8월 18일 수, 계획설계 확인

8월 19일 목, 계약 완료

8월 14일 토요일 아침

다이룸 : 소장님, 이거 명도되나요?

소장님 : 네, 명도는 시간이 좀 걸린다고 기간을 길게 달라고는 했어요. 가능은 합니다.

다이룸 : 신축할 거라 명도 가능한 물건 찾고 있습니다. 오늘 오전에 현장 가서 확인 후 찾아뵐게요.

가락동으로 향합니다. 물건지 바로 옆 공원 나무들이 아주 아주 울창합니다.

'영구조망, 송파구에서 설마 이 공원을 없애기야 하겠어?'

물건지 주변을 살펴보는데, 어라? 이거 바로 뒷 건물은 여기보다 1층이 훨씬 높네? 어쩌면 이 물건은 1층 같은 반지하를 보너스로 가져갈지도 모르겠다는 생각이 듭니다.

부동산에 도착하니 여자 소장님이 두 분 계셨습니다(이때는 그렇게 알고 있었습니다) 자리에 앉자마자, 현장을 가보고 왔다고 말씀을 드리고, 괜찮아 보이는데 매도자분은 정말 매도 의사가 있으신 건지 다시 한번 확인해봅니다. 임대보증금이 얼마나 묶여 있는지, 명도는 얼마나 걸리는지 등 몇 가지 질문과 확인사항을 이야기하고 자리를 뜹니다.

이후 곧장 카페로 가서 미리 뽑아온 토지이용계획원에 열심히 그림을 그리기 시작합니다. 4층, 5층 면적, 혹시 모르니 희망의 6층까지도 계산하고, 속성 수익 분석 결과 수익이 나옵니다.

'그래, 우린 100점짜리 매물만 찾는 게 아니다. 삼전역, 송파나루역 다 아쉽고 마음이 남는 건 맞지만, 신축 1호 시작 타이밍도 중요하다!'

부동산에 매수 의사를 밝히고, 휴일이 낀 상태라 계획설계는 긴급으로 8월 18일 수요일까지 맥밀란님께 부탁해 빨리 받을 수 있도록 요청을 드려보았습니다. 그 사이 부동산에는 잔금 전 멸실을 시도해보게 됩니다.

집에 와서 등기부등본을 떼어보니 매도인은 60대 초반으로, 집은 부인 명의로만 되어 있고, 매도자의 집은 가락동 아파트였습니다. 해당 아파트를 찾아보니 재건축이 추진되는 상황이었습니다. 제가 매수하려고 하는 다가구주택은 2016년에 매입했는데, 전세 보증금 8억 원에 근저당 3억 원이었습니다. 본인 돈은 얼마 들어 있지 않은 걸 보니 투자할 줄 아는 사람이라는 생각이 들었습니다. 그리고 매도자분의 이름 끝 자가 저와 같았고, 부동산 중개사무소 소장님이 함께하는 언니랑 같은 성씨였습니다.

왠지 접점이 많아 인연이라는 생각을 하며 어렵게 부동산 중개사무소에 말을 멸실에 관한 이야기를 꺼내봤습니다. 다주택자의 경우, 주택으로 매입할 경우 취득세가 중과되지만, 주택을 멸실하고 토지로 잔금을 치르면 토지분에 대한 취득세만 낼 수 있습니다.

"소장님, 가락동에서 이 정도 가격으로 매수면 싸게 사는 건 아닌 거 같거든요. 가격 조정 3,000만 원 해주셔서 정말 감사한데요, 차라리 잔금 전 멸실로 저희 취득세 살려주시면 저희 안 깎아도 됩니다."

매도인께서 그래도 투자 마인드가 있으신 분 같고, 세금에 대한 고민도 해보신 분인 것 같아 우리 입장을 좀 이해해주시지 않을까 싶어서 이렇게 말씀을 드려보았습니다. 매도인께서 저희 입장을 배려해주셔야 할 의무는 없지만, 좀 도와주시길 부탁드려보고 싶었습니다. 물론 저 같아도 입장 바꿔 생각하면, 잔금도 다 안 주고 내 집을 허문다는 것을 쉽게 허락할 수는 없을 것 같습니다. 하지만 중도금을 더 드리고 협의하면 불가능한 이야기는 아닐 것이라 생각하고, 부동산 중개사무소 소장님도 난처해하시는 상황은 이해하지만, 말씀을 드려보았습니다.

부동산 중개사무소 소장님은 괜히 이야기했다가 계약도 물 건너가고, 본인만 안 좋게 인식될 것 같다고 난색을 보이셨지만, 나중에는 취득세 차이가 크니 조심스럽게 말을 꺼내보겠다고 말씀해주셨습니다. 그렇게 1시쯤 전화를 끊었는데, 5시가 넘도록 전화가 없어 불길한 예감이 들었습니다.

오후 5시 40분

소장님 : 아휴, 매도인께서 멸실해주시겠대요. 대신 3,000만 원 깎아주는 거 명도 비용 많이 들 거 같다고 2,000만 깎아주신다고 합니다. 오후 내내 세무사 상담하고 매도인이 바쁘셨어요. 멸실해도 문제없다는 거 확인하시고, 도와주시겠다고 합니다.

다이룸: (얏호!) 어머머, 정말요? 소장님, 정말 감사합니다. 매도인분께도 너무너무 감사드려요.

지금 다시 생각해봐도 신기할 정도로 수월하게 협상이 이루어졌습니다. 인연이 닿는 집은 이렇게 계약이 일사천리로 되기도 한다는 것을 처음 느껴봤습니다. 더군다나 계획설계가 8월 18일 수요일 밤 10시에 '까톡!' 하면서 등장하지 뭡니까.

8월 19일 목요일에 계약을 하기로 하고 계획설계를 기다리던 입장에서는 너무나 감동이었습니다. 반듯하고 예쁘게 계획설계가 나온 것을 보면서 기분 좋게 잠을 청하고 다시 한번 공존의 힘을 느끼면서 꿈나라로 향했습니다.

8월 19일 목요일 오후 3시

4명 공동명의로 매수하는 집, 계약서 도장찍는 데만 꽤 걸리더라고

요. 알고 보니, 제가 8월 14일 토요일에 부동산에 갔을 때 있었던 나이 드신 소장님은 소장님이 아니라 매도인이었습니다. 깜짝 놀라서 혹시라도 그날 말실수는 없었나 기억을 되짚어보고, 한편으론 그때 우리 얼굴을 봤었기 때문에 우리의 부탁이 수월하게 이뤄졌나 하는 생각도 듭니다. 젊은 여자 둘이서 신축하겠다고 했을 때, 대단하다며 두 손으로 '엄지 척' 해주셨었거든요. 그래도 한 번 안면 있다고, 왠지 그게 플러스알파가 되지 않았을까 싶은 마음도 듭니다.

그리고 결정적인 부분은 멸실이야기를 꺼냈을 때 부동산 소장님이 난색은 표했지만, 매도인을 본인 거래처 세무사에게 모셔가서 직접 상담을 받을 수 있게 해드렸다는 것을 나중에 알았습니다. 지금 사는 아파트 매수할 때도 이렇게 기쁘진 않았는데, 목요일에 이 토지를 계약하던 날 어찌나 기쁘던지…. 토지 매수가 이렇게 어렵고 힘든 일인지 몰랐습니다. 그래서 정말 기쁘고 행복했습니다.

계약을 마치고 차에 올라타서 집에 오는데, 마음이 차분하고 편안해졌습니다.

'이제 뭐 하면 되지?? 아! 맥밀란님이랑 열정잇기님께 물어보면 되겠다!'

공존의 리더 두 분이 없었다면, 올해 공존을 경험하지 못했다면, 제 인생에 절대로 나타나지 않았을 신축 기회입니다. 진심으로 감사드립니다. 앞으로의 신축 과정에서도 중심을 잡을 수 있게 잘 이끌어주시길 부탁드립니다.

2

소니도로님의
새절 프로젝트

엊그제 가계약금을 보내고 바로 단톡방에 말해버려서 이미 계약해 버린 기분이 들지만, 사실은 오늘 아침 계약을 하고 와서 후기를 남깁 니다.

신축할 땅은 굳이 위치 제한을 두지 않고 서울 전역을 돌며 찾아보고 있었지만, 은평구에 살다 보니 아무래도 은평 쪽을 자주 보게 되었습니 다. 이 땅은 6호선 새절역에서 걸어서 150m도 안 되는 곳에 있는 초역 세권 땅이었고, 동쪽으로는 6m 도로를, 북쪽으로는 3m의 막다른 도로 를 끼고 있는, 너무 작지도 크지도 않은 반듯한 땅이었습니다. 앞으로는 불광천이 흐르고, 뒤로는 신사근린공원 산이 있는 나름 배산임수의 땅 이기도 합니다.

실전스터디반 수업 시간에 받은 수익률 분석 파일을 사용해 분석해 보았더니, 초역세권에 북도로를 끼고 있어 다중주택을 지으면 수익이 안 날 수가 없었습니다. 게다가 새절역은 서부선과 고양선 호재가 있는 곳이기에 미래가치도 매우 좋아 보였습니다. 다만, 항상 땅을 보러 다니면서 적극적으로 임하지 못한 이유는 다주택자이고, 5년 내 매도를 생각하고 있어 취득세 12%가 더해지기 때문에 금액이 부담스러웠기 때문이었습니다. 그래서 항상 잔금 전 멸실이 가능한지를 문의했습니다. 매도인에게 실질적으로 손해가 없다고는 해도 실제로는 성사되기 매우 힘들다는 것을 몸소 느끼게 되었습니다.

이 땅은 매도인이 잔금까지 받아야 이사 갈 집을 살 수 있어 애초에 잔금 전 멸실이 되지 않는 땅이었습니다. 그래서 12% 더한 가격이면 싼 가격은 아닌 것 같다는 생각에 망설이고 있으니, 부동산 중개사무소에서 취득세만큼 깎아주시겠답니다. 저는 기껏해야 500만 원쯤 깎아주실 것으로 생각해서 취득세에 비하면 너무 적은 금액이라 별로 기대는 하지 않고 있었습니다. 그런데 어찌된 일인지 8,000만 원을 깎아주신답니다! 그래서 알겠다고 계약 의사를 정했더니, 매도인이 잔금 치르고 한 달 이상 더 살겠다고 합니다. 매도인이 이사 갈 집을 증축해야 하는 상황이라 한 달 이상이 걸린다더군요.

잔금을 치르고 며칠 정도야 상관없겠지만, 한 달 이상을 더 살겠다고 하니, 우리도 잔금 치르고 멸실을 하지 않으면 대출을 못 받아서 안 되겠다고 하고, 아쉽지만 그 집을 포기했습니다. 그 집에는 다른 쪽 부동산으로 컨택한 건축업자도 있었습니다. 건축업자는 대출 없이도 가져가겠다고 했답니다. 역시 업자는 이길 수가 없습니다.

그렇게 포기하고 신나게 다른 집을 룰루랄라 찾아보고 있었습니다. 그렇게 이 땅을 잊고 지낸 지 한 2주쯤 지나자, 그 부동산 중개사무소에서 다시 전화가 옵니다. 혹시 다른 땅 소개해주시려나 하는 생각으로 전화를 받으니 그 땅에 아직도 관심 있냐고 합니다. 매도인이 이사 가려고 했던 집 쪽에도 업자가 붙어 더 높은 가격으로 사겠다고 해서 그쪽 계약이 진행되지 않았다고 합니다. 그래서 매도인이 다른 집을 알아보았고, 그 집은 도배 정도만 새로 하면 돼서 잔금 치르고 3~7일 정도만 더 살면 나갈 수 있다고 합니다.

그런데 부동산 중개사무소 소장님이 저희에게 이렇게나 적극적이었던 이유를 숨기시지 않으셨습니다.

부동산 중개사무소 소장님은 "이거 내가 수수료 다 먹으려고…. 업자랑 하면 다른 부동산이랑 반씩 나눠야 하잖아. 무슨 말인지 알죠?"라고 하시며 저희에게 먼저 하루를 주셨습니다.

그렇게 그 땅은 저희에게 왔고, 오늘 오전에 계약하고 왔습니다. 계약하고도 혹시나 대출이 잘 안 되면 어쩌나 등등의 불안한 마음이 들지만, 이제는 '어쩔 수 없으니 어떻게든 되겠지'라는 마음으로 앞으로의 일정을 한 단계, 한 단계 밟아보려고 합니다.

제가 몇 번이나 급하다고 하며 카톡으로 땅 보내고 봐달라고 해도 항상 친절하고도 냉철하게 봐주셨던 맥밀란님, 열정잇기님 감사합니다. 공존 신축스터디 입문반, 실전스터디반 통해 땅을 보는 눈, 수익을 분석하는 눈을 정말 많이 기를 수 있었습니다. 특히 내주신 숙제를 통해 그런 것들이 더 체화되었고, 스터디 다른 분들의 경험과 숙제를 보는 것도 많은 도움이 되었습니다.

초행길에 든든한 멘토 선생님과 스터디원들이 있어 정말 든든합니다.

3

기누님의
상도동 신기 프로젝트

안녕하세요. 신축입문반 4기 기누입니다. 오늘은 걱정 반 즐거움 반의 마음으로 글을 씁니다. 어제저녁 토지 가계약금을 쐈습니다. 계약일은 아직 잡지는 않았지만, 저는 이제 무조건 직진입니다.

마흔 살에 은퇴하겠다는 마음으로 자가를 포함해 나름 아파트 실거주 겸 투자를 열심히 하고 있었고, 지금은 워낙 시기가 좋아 시세차익에 집중하고 있었습니다. 하지만 총자산은 늘어나지만, 투자금이 묶이고 현금 흐름은 더 안 좋아지니(이자 발생 및 또다시 종잣돈 마련 등) 뭔가 현실은 오히려 더 팍팍해져가고 아기까지 태어나니 마흔 살에 이게 가능하려나 하는 생각까지 들더라고요.

결국 월급 이외의 현금 흐름이 중요하다는 생각을 했고, 내가 아니라 와이프부터 먼저 은퇴시켜보자는 마음으로 현금 흐름이 나올 수 있는 다가구주택 통매나 오래된 다가구주택을 리모델링 후 임대를 놓는 것들을 찾아보게 되었습니다. 근데 이것도 역시 투자금이 너무 많이 묶이고 (투자금이 없기도 하지만), 특히 신축의 경우 건물 가격까지 많이 반영되어 평당가가 너무 높아서 매수하기 억울하게 느껴졌습니다.

그래서 '이걸 어째야 하나…' 고민을 하는 찰나에 저의 한줄기의 빛! 열정잇기님의 블로그와 공존 카페를 발견하게 되었습니다. 그리고 열정 잇기님과 맥밀란님의 블로그 글을 보니 5억 원 전후의 현금으로도 신축해 현금 흐름을 만들고 투자금도 다 회수된다는 '마법'을 보여주시더라고요(저에게는 마법사이십니다). 와이프가 '이러고 다니면 내가 욕먹는다'라고 할 때까지 제 옷과 신발은 안 사지만, 투자 강의나 책 사는 데는 와이프 컨펌 없이 질러버리는데, 신축입문반 강의도 그렇게 질러버렸습니다.

그렇게 신축입문반을 듣고 토지 분석하고 수익률 내는 방법들을 배웠는데, 저는 실전스터디반까지 기다리고 싶지 않았습니다. 그래서 하루에 4시간 이상씩 네이버 부동산에 들어가서 13억 원 미만, 사용승인 15년 이상으로 필터를 걸어서 하나하나 보았습니다. 그리고 맘에 드는 토지가 있으면 네이버지도를 켜서 로드뷰 보고 랜드북 돌려보고, 괜찮으면 토지이용계획원을 뽑아서 그려보고, 궁금한것은 맥밀란님께 여쭤보았습니다. 그래서 그 물건이 괜찮다고 생각되면 부동산 중개사무소에 전화해서 그 물건을 보러가겠다고 하고, 더 나와 있는 곳들이 있는지 확인해보기도 했습니다. 물론 여기서는 맘에 드는 걸 발견하지는 못했습니다. 좋은데 비싸거나, 싼데 별로거나 하는 식이었습니다.

주말과 평일 틈틈이 신축 부지를 보러 다녔습니다. 지역은 서울 전역을 네이버 부동산으로 뒤지긴 했지만, 집중적으로 본 곳은 다음과 같습니다.

- 성동구 왕십리역, 상왕십리역 주변
- 강동구 암사역, 강동구청역, 천호역 주변
- 광진구 군자역, 어린이대공원역, 건대역, 구의역 주변
- 동작구 상도역, 장승배기역, 신대방삼거리역 주변

그중 제가 매수하게 된 곳은 상도역 도보 5분 내 거리(평지)에 있는 땅입니다. 상도역은 동작행정타운(2023년 완공)과 서부선이 들어오는 장승배기역과 한 정거장이고, 강남(강남구청, 논현), 구로디지털단지, 둘 다 20분 내외 7호선에 위치하고 있습니다. 여의도와 용산도 버스로 20분 안에 도착하는, 서울에서 입지 좋은 곳 중 하나입니다. 또한, 중앙대와 숭실대, 2개를 끼고 있는 곳이라 수요는 탄탄하다고 판단했습니다.

일단 평일 낮과 주말에 4번 정도 가봤는데, 평일 낮에는 사람이 별로 없었고 주말에는 20~30대가 굉장히 많았습니다. 와이프가 주말에 돌아다니는 여성분들 가방과 옷차림을 보더니 "여기 사야겠다"라고 하더라고요(부동산은 여자의 감을 믿어라!).

평수는 33평밖에 안 되지만 주변 시세 대비 저렴하게 나왔고, 6m 도로를 끼고 있는 평지 물건입니다. 그리고 특이했던 건 법인이 작년 7월에 매수해서 12월에 근생+다중으로 설계를 끝내고 건축허가까지 받은 물건인데, 보유세 때문에 매매로 물건을 내놓았고, 매매가 안 되면 고시원이나 올 근생으로 설계 변경을 하려는 땅이었습니다.

설계 비용과 건축허가까지의 시간을 절약할 수 있는 좋은 물건이지

만, 매수하는 입장에서는 굳이 세금 때문에 설계까지 다 하고 나서 왜 파는지에 대해 궁금해져 별의별 최악의 상황까지 맥밀란님과 검토했습니다. 여기서 최악인 상황은 민원으로 인한 공사 지연이나 신축 불가였습니다.

동작구청 건축과에 전화해서 담당자에게 이 사안에 대해 확인해봤습니다. 담당자는 "건축허가가 났는데 뒷집이 못하게 깽판을 놓으면, 그게 깡패죠. 허가 났으니 뭐 안전 문제로 사람이 다치거나 큰 문제(?)가 발생하지 않는 한 진행 가능합니다."

물론 통상적인 이야기이긴 했지만, 삽도 안 떠놓고 뭘 이런 고민부터 하냐는 듯한 말투는 저를 안심시키는 데 충분했습니다. 관련된 것들과 불안한 점에 대해서는 부동산 중개사무소 소장님도 들들 볶고, 맥밀란님도 엄청 괴롭히고, 동작구청 건축과에도 확인하고, 부동산 계약 특약에도 넣고 가격도 아주아주 쪼끔 깎아서 어제 가계약금을 넣었습니다.

매도자는 명의이전을 착공계 넣고 하자고 하셔서 제가 요구하지도 않았는데 멸실조건이 되어 토지계약서를 쓰게 되었습니다. 맥밀란님께서 토지계약서면 대출이 더 잘 나온다는 말씀도 전해주셨습니다. 다만, 철거 비용 등은 제가 비용 처리를 못 한다는 점이 조금 아쉽기는 합니다.

4월 17일에 1주차 강의를 들었는데, 한 달 조금 넘어서 설계까지 끝나버렸습니다. 물론 설계를 조금 수정하게 될 거 같지만, 33평의 땅에 넣어야 할 것은 다 넣어 있었습니다. 이제 앞으로가 중요할 것 같습니다. 이미 저질렀으니 부정적인 이야기는 걸러 듣고, 주변 분들과 잘 협의하고 맥밀란님, 열정잇기님, 다른 신축 선배님들께 조언 잘 들어서 잘

추진해봐야겠습니다. 내년 3월 전까지 완공해서 대학생들도 1~2명 받을
수 있으면 좋겠네요.

4

찰리마제님의
송파동 스토리

안녕하세요. 찰리마제입니다. 저에게도 이런 날이 올 줄 몰랐는데….
토지 매수를 위한 계약서에 도장을 찍게 되었습니다.

공존에서 입문반을 수강하면서 당장 돈은 없어서 신축은 못 하지만
배워만 놓자는 심정으로 올해 초에 수강을 시작했는데, 6개월이 채 흐
르지 않았는데 토지를 매수한 저를 보게 되네요. 공존에서 신축 사업에
대해 배우면서 열정잇기님, 맥밀란님께 많은 가르침과 동기부여를 받고,
동기님들과 함께 으쌰으쌰 한 결과가 아닐까 합니다. 두 스승님과 동기
분들께 감사의 말씀 전합니다.

물건은 제가 지금 사는 집에서 걸어서 10분 거리에 있는 익숙한 지역
입니다. 요즘 아파트 시세가 가파르게 상승하면서 단독주택 또한 지가
상승이 엄청난 것을 피부로 느끼며 토지 찾기를 했습니다. 처음 분석했
던 한성백제역 3분 거리의 토지는 매수 의사 표시도 못 해보고 계약되었
다는 소리를 듣게 되었고, 다른 토지를 찾던 중 송파역 주변 물건을 분
석하게 되었습니다. 수익률이 괜찮아서 이번 물건은 놓치면 안 되겠다

싶어서 계획설계와 동시에 적극적으로 매수를 추진했습니다.

하지만 부동산에서 처음에 자신만만했던 것과는 달리 계속 시간이 지체되었고, 결국 매도인이 안 팔 것 같다는 청천벽력 같은 말을 들었습니다. 부동산에서도 삼고초려를 했지만, 매도자는 움직일 생각이 없었습니다.

그때, 다이룸님한테 전화가 걸려왔습니다.

"찰리마제님, 제가 연락하는 부동산에서 그 물건을 소개시켜주길래 찰리마제님 사정을 이야기했더니, 여기서는 거래할 수 있대요. 한번 연락해보세요."

그렇게 해서 계약까지 성공할 수 있었습니다. 다시 한번 이 글을 빌려 다이룸님께 감사의 말씀을 드립니다! 실상을 파악해보니 네이버 부동산에 그 매물을 홍보하고 있는 여러 부동산들 모두 매도인과 실질적 거래가 불가능한 부동산이었고, 원 부동산은 광고도 하지 않은 채 숨어 있었습니다. 매도인은 원 부동산과 오래된 인연으로 그곳을 통해서만 매도할 계획이었던 것이죠.

매수를 추진한 이후로도 매도자가 연세가 많아서 지방에 있는 자녀와 함께 계약하는 날 돈을 받겠다 하셔서 가계약금도 못 넣고 2주 넘게 긴장하며 계약하기로 한 날을 기다리기도 했습니다.

앞으로 다가올 날들에 긴장 반 설렘 반입니다. 이제 첫 시작을 하는 건데 토지 매수하는 것부터 쉽지 않았네요. 준공하고 추후에 임대, 매도 전략까지 긴 프로젝트가 되겠지만, 공존과 함께하니 걱정 없이 든든합니다.

아토님의
서초구 방배동 다가구주택 짓기

전 이번 추석 연휴를 방배동 신축 부지를 계약하는 데 사용했습니다. 지금까지는 광진구, 강동구, 송파구, 성동구를 위주로 신축 가능한 주택과 토지를 보고 있었습니다.

현재 근무하는 회사 공장장님과 서로의 개인 근황을 이야기하던 중, 신축을 하려고 신축 부지를 보고 있는데 마음에 드는 매물의 가격이 너무 급격히 올라 토지를 매입하는 게 쉽지 않다는 말씀을 드렸습니다. 공장장님 부인이 공인중개사이시고, 본인도 공인중개사 자격증을 가지고 계신 공장장님은 저에게 왜 서초구는 안 보냐며, 서초구 내방역 근처가 서리풀 터널도 뚫리고 앞으로 더 좋아질 지역이라고 이야기해주었습니다.

이 이야기를 듣고 나니 서초구는 너무 비쌀 것이라 판단해 검토도 안 해봤다는 생각이 들어 서초구 물건들을 보기 시작했고, 당시 나와 있는 서초구 매물 중 막다른 골목을 제외하고 제가 매입한 물건이 60평에 27.5억 원으로 평 단가 5,000만 원 이하의 유일한 매물이었습니다. 3일

정도 업무가 바빠서 부동산 중개사무소에 전화하지 못하다가 수요일에 퇴근하고 문의 전화를 했습니다.

부동산 중개사무소에서는 해당 물건은 빌라신축업자와 계약을 하기로 이야기 중인데 계약 여부는 확인이 안 된다며 확인해보고 연락을 주기로 하셨습니다. 며칠 후, 부동산에서 연락이 왔는데 신축업자와 27.8억 원에 계약할 것 같은데 아직 계약 전이라고 이야기해주셔서, 제가 신축업자가 제시한 27.8억 원보다 1,000~2,000만 원 더 줄 수 있으니 저랑 계약하자고 이야기해달라고 말씀드렸고, 토요일 매도자와의 약속을 잡아주셨습니다.

매도자분은 집주인 할아버지의 장남으로, 할아버지가 몇 주 전 쓰러지셔서 병원에 계신 관계로 위임을 받고 매도자로 나오셨습니다. 멸실조건으로 매수하려 했으나 부동산 중개사무소 소장님께서 말씀하시기를 방배동에서는 지금까지 멸실조건 거래는 한 번도 없었고, 매도자분도 멸실조건을 거절하셨다고 이야기해주셨습니다. 그래도 멸실조건을 관철시켜야 한다는 생각에 매도자를 만나서 멸실을 해달라고 이야기했고, 잔금을 먼저 주고 멸실해주시면 안전하시지 않냐고 설득하니 멸실해주시겠다고 하셨습니다.

그리고 일주일 후인 토요일에 만나서 28억 원에 계약하기로 했습니다. 일주일의 주어진 시간 동안 계획설계도 하고 구청에 전화도 해보려 했습니다. 매도자가 계약금은 그날 만나서 받겠다고 가계약금도 받지 않으시겠다는 것이 불안했는데, 일요일에 부동산 중개사무소에서 매도자분이 28.3억 원에 업자와 멸실조건 없이 명도 조건으로 계약하기로 하셨다고 추석 연휴 끝나고, 목요일 오전 건축업자와 계약 예정이라고 연락을 받았습니다.

저랑 헤어질 때 다음 주 토요일에 만나서 28억 원에 멸실조건으로 계약하기로 분명히 약속하고 헤어졌는데, 3,000만 원 더 주는 건축업자가 멸실조건 없이 하자고 하고, 본인이 장남인데 누나와 남동생들이 멸실조건은 못 받아들인다고 해서 저와의 약속은 헌신짝처럼 버리고 업자와 계약하기로 했다는 겁니다.

제가 멸실조건을 이야기했는데, 멸실조건 못받아들이겠다고 전달했으니 제가 포기할 거라 생각하고 다른 업자와 계약하기로 약속을 잡았다는 것입니다. 저도 멸실조건 없이 명도 조건으로 해서 업자가 제시한 28.3억 원을 줄 테니 저와 약속한 것을 지켜달라고 매도자분에게 전달해달라고 부동산 중개사무소 소장님께 요청드렸습니다. 부동산 중개사무소 소장님이 제 의사를 전해주셨고, 매도자분께서 업자가 제시한 28.3억 원에 명도 조건으로 하면 저와 계약하시겠다고 해서 추석 전날 만나는 것으로 약속을 잡아 연휴 기간인 월요일에 매도자분을 만나 계약서 특약 조항을 다시 정리했습니다.

멸실조건을 삭제했지만, 토지사용승낙서는 해주기로 하셨는데 계약서 쓰는 날 갑자기 토지사용승낙서를 못 해주신다고 합니다. 그거 해달라고 하면 계약 못 한다고 계약서 쓰는 자리에서 또 말을 바꾸셨습니다. 좀 당황스러웠지만, 맥밀란님께 전화를 드려 토지사용승낙서를 못 받을 시에 문제가 되는 점이 무엇인지 문의드리고, 토지사용승낙서 없이 계약하는 것으로 매도자분 요청을 다 받아들이고 계약을 완료했습니다.

결국 제가 원하는 내용은 모두 삭제하고 금액은 전화할 때마다 3,000만 원, 2,000만 원, 3,000만 원, 계속 올라갔고, 무슨 이야기만 하면 계약을 못 하겠다는 매도자분을 상대하는 것이 힘들었지만, 서초구 방배동에서 평 단가 5,000만 원 미만 물건을 사겠다는 생각으로 매도자분의 갑질(?)을 참고, 또 참으며 매도자분 원하는 것을 다 수용하는 것으로 계약을 마무리할 수 있었습니다.

멸실조건 삭제 때나 토지사용승낙서 없이 진행해야 했을 때 등 연휴에 맥밀란님께 몇 번을 전화드렸는지 모르겠는데, 전화를 다 받아주시고 제 질문에 답변해주셔서 정말 감사드립니다.

연휴 중 계약을 하다 보니 계획설계를 안 했고, 서초구청에도 전화해보지 못하고 계약하게 되었습니다. 연휴 끝나고 서초구청에 주택 앞에 있는 사도로 때문에 건축허가가 안 나는 일은 없다는 확인을 받았습니다. 서초구 방배동 물건을 평당 5,000만 원 미만에 살 수 있는 기회를 놓칠 수 없다는 생각에 계획설계 없이 구청에 건축허가 여부 확인 없이 계약하고 추후 확인하게 된, 순서가 뒤바뀐 계약이 되었습니다.

이번 추석 연휴는 매도자와의 실랑이로 어떻게 시간이 갔는지 모르게 지나갔지만, 암튼 서초구 방배동 토지를 계약할 수 있어서 큰일을 해낸 것 같은 느낌입니다. 방배동 토지는 7호선 내방역 도보 7분 거리, 방배초등학교 도보 2분, 서문여고 서문여중 도보 7분 거리에 있어 학군 수요가 많고, 방배동 재개발 5구역, 6구역 사이에 있어 이들 지역의 아파트가 완공되면 지역이 더 쾌적하고 환경이 좋아질 것이라 예상됩니다. 서리풀 터널을 통해 서초, 교대, 강남역까지 직진으로 갈 수 있는 장점도 있습니다. 정보사 부지에 한국의 실리콘 밸리가 계획되어 있어 좋은 일자리가 가까이 생기는 것은 앞으로의 호재가 될 것 같습니다.

6월 27일에 신축입문반 수업을 듣기 시작해서 '과연 사고 싶은 좋은 땅을 찾을 수 있을지, 살 수 있을지' 의구심이 들기 시작한 시점이었는데, 비싸다고 들여다보지 않다가 처음 찾아본 서초구에서 좋은 토지를 살 수 있어 참 운이 좋았던 것 같습니다. 원하는 토지를 구하기 위해서는 매물을 지속해서 꾸준히 찾아봐야 합니다. 몇 달이 걸릴 수 있지만, 이 지루한 과정을 참고 지속해야 좋은 물건을 만날 확률을 높일 수 있다는 것을 깨닫게 되었습니다.

윤화로님의
구로구 구로동 스토리

6월에 처음 공존에서 수업을 듣게 된 후, 약 4개월 뒤인 이번 주 금요일에 계약을 하게 되었습니다. 토지를 처음 본 순간부터 계약하기까지 재미 삼아 계산해보니, 대략 46시간 정도 걸린 것 같습니다.

10월 6일

매물을 오후 늦게 발견해서 재빨리 부동산을 방문하고, 이것저것 물어보고 왔습니다. 저는 이 매물을 보았을 때 맥밀란님이 말씀하신 "조급해하지 말고 찾다 보면 결국 가슴이 뛰는 매물을 찾을 수 있을 것이다" 라는 말을 경험했습니다. 정말 너무 매력적인 매물이라는 생각이 들었고, 한번 덤벼볼 만하다는 생각이 강하게 들었습니다. 해당 토지는 2필지로 나누어져 있지만, 필지가 서로 붙어 있는 나대지 상태였습니다. 일단 철거와 명도에 대한 수고를 들이지 않아도 되고, 평 단가도 마음에 들었기 때문에 늦은 저녁시간에 부랴부랴 맥밀란님께 연락을 드려서 조언을 받았습니다.

10월 7일

주변 시세 대비 괜찮은 가격이라 생각해서 다음 날 아침에 구로구청 여는 시간에 맞춰 직접 찾아갔습니다. 해당 필지 2곳이 다중주택 신축이 가능하다는 것을 확인했습니다. 하지만 고해당 부지에 접해 있는 도로가 개인 사도라 신축 시 추후 문제가 될 수도 있다는 것을 알았습니다.

부동산 중개사무소 소장님께 매수 의사를 표시하고, 토지사용승낙서 조건을 제시하니 부동산 중개사무소 소장님을 포함한 매도자 측이 부정적인 의견을 내비쳤습니다. 부동산 경험이 많지 않은 일반인에게 조금 생소한 단어라서 그랬던 것 같습니다. 그날 오후, 부동산 중개사무소 소장님께 토지사용승낙서에 대한 '특약사항 조건 별지 첨부'라는 항목으로 2페이지에 달하는 내용이 왔고(매도자 측 법무사에서 만든 것 같습니다), 이 부분을 계약서에 포함시켜도 되는지 맥밀란님과 열정잇기님께 자문을 한 후, 매도자 측에 그에 관한 내용을 수락한다는 의사를 전달했습니다. 가계약금 입금 후 다음날 계약을 진행하기로 했습니다(가계약금 입금 후 몇 시간 뒤 계획설계를 확인했네요).

10월 8일

계약하려고 하니, 매도자 측에서 중도금을 내기 전에는 토지사용승낙서를 못 해주신다고 말씀하셨습니다. 이때부터 서로가 약간의 줄다리기를 했으며, 결국 저는 계약금 20%를 드리는 조건으로 토지사용승낙서 사용을 허락받았습니다. 그렇게 약 2시간가량에 걸쳐 계약을 원만히 끝냈습니다.

교회 부지를 매입할 때는 해당 교회(종중)의 정관 및 회의록, 부동산

등기용 등록번호를 꼭 확인해야 한다는 것을 나중에 알았습니다. 저는 이러한 사항들을 미처 몰랐고, 부동산 중개사무소 소장님도 몰랐던 것 같습니다. 신축입문반 및 실전스터디반 동기님들께서는 추후 종교시설 매입 시 이러한 점들을 알고 계시면 좋을 것 같습니다.

저는 운이 좋게도 괜찮은 부지를 좋은 가격에 매입한 것 같습니다. 맥밀란님과 열정잇기님, 두 분의 도움 없이는 힘들었을 것이라 생각합니다. 신축 후 임대까지 할 일이 많이 남았지만, 앞으로 남은 과정들도 공존과 함께하니 든든합니다. 이 매물을 본 순간 정말 가슴이 뛰었고, '일단 지르자'라는 생각이 들었습니다. 다른 공존 식구분들도 꼭! 가슴 뛰는 좋은 매물을 찾으시길 응원하겠습니다.

공존 식구들, 다 같이 파이팅입니다!

9장

알고 시작하는
만큼 버는
신축 사업의 세금

신축 사업뿐만 아니라 모든 사업을 시작하기 전에는 반드시 세금에 대한 충분한 이해와 관심이 필요합니다. 사업을 시작한다는 것은 바로 수익을 기대한다는 것입니다. 이러한 수익이 기대되면, 실과 바늘처럼 항상 따라다니는 것이 세금 이슈입니다.

신축 사업을 시작하는 우리는 신축 사업을 하기 전, 2개의 사업자에서 항상 고민하게 됩니다. 그것은 바로 주택 신축 판매 사업자와 건설 임대 사업자입니다. 이에 주택 신축 판매 사업자와 건설 임대 사업자에 대해서 자세히 이야기해보도록 하겠습니다.

먼저, 주택 신축 판매업입니다. 주택 신축 판매업의 혜택은 다음의 2가지로 요약해볼 수 있습니다.

첫째, 주택 신축 판매업자의 취·등록세 중과 배제
먼저 취·등록세 중과 배제로 21년 4월 27일부로 주택 신축 판매업자의 취·등록세 중과가 제외되었습니다. 주택 신축 판매를 목적으로 취득한 주택은 중과세 대상에 제외됩니다. 다만, 정당한 사유 없이 그 취득일부터 1년이 경과할 때까지 주택을 멸실시키지 않거나 그 취득일부터 3년이 경과할 때까지 주택을 신축해 판매하지 않은 경우는 제외된다는 예외 규정이 있기 때문에 꼭 기준주택 매매일 기준으로 1년이 경과되기 전에 멸실을 하고, 3년 내에 매도를 해야 합니다. 그렇지 않으면, 취득세를 가산해 추징될 수 있는 점을 감안해야 합니다.

제28조 2(주택 유상거래 취득 중과세의 예외)법 제13조의 제1항을 적용할 때 같은 항 각 호의 외의 부분에 따른 주택(이하 이 조 및 제28조의3부터 제28조의6까지에서 '주택'이라 한다)으로서 다음 각 호의 어느 하나에 해당하는 주택은 중과세 대상으로 보지 않는다.〈개정 2020.12.31.,2021.4.27.〉

8. 다음 각 목의 어느 하나에 해당하는 주택으로서 멸실시킬 목적으로 취득하는 주택. 다만, 나목6)의 경우에는 정당한 사유 없이 그 취득일부터 1년이 경과할 때까지 해당 주택을 멸실시키지 않거나 그 취득일부터 3년이 경과할 때까지 주택을 신축해 판매하지 않은 경우는 제외하고, 나목6) 외의 경우에는 정당한 사유 없이 3년[나목5)의 경우 2년]이 경과할 때까지 해당 주택을 멸실시키지 않은 경우는 제외한다.

나.6)주택 신축 판매업[한국표준산업분류에 따른 주거용 건물 개발 및 공급업과 주거용 건설업(자영건설업으로 한정한다)을 말한다]을 영위할 목적으로 '부가가치세법'제8조 제1항에 따라 사업자 등록을 한 자

둘째, 종합부동산세 합산 배제, 주택수 미산입

주택 신축 판매업의 주요 목적은 바로 신축해서 그 신축한 주택을 판매하는 것입니다. 따라서 주택 신축 판매업을 통해서 신축한 토지와 건물은 세법상 내가 소유한 부동산으로 보지 않고, 미분양 주택, 즉 재고자산으로 인식해 주택 신축 판매업 등록 후 5년 동안 종합부동산세 합산 배제가 되며, 내가 소유한 주택수에도 미산입됩니다. 엄청난 혜택이죠.

요즘처럼 주택수 늘리는 부분에 부담을 느끼는 투자자들에게 종합부동산세 배제와 보유 주택수 미산입은 정말 사막의 오아시스처럼 생각되지 않을까요? 그러나 여기에도 예외가 있습니다. 자기 또는 임대계약 등 권원을 불문하고 타인이 거주한 기간이 1년 이상인 주택인 경우에는 그 이후에는 주택수에도 산입되고, 종부세 부과 대상이 됩니다. 따라서 신축 판매업으로 주택을 신축한 경우, 임대한 기간이 1년 이상이 지나면 종합부동산 합산 배제에서 제외되는 부분에 대해서는 명심하시고, 그

이전에 처분하거나, 종합부동산세에 대한 대비책을 마련하셔야 합니다.

종합부동산세법 시행규조 제4조(합산배제 미분양주택의 범위)

영 제4조 제항 제3호 각 목 외의 부분에서 '기획재정부령이 정하는 미분양 주택'이란 주택을 신축해 판매하는 자가 소유한 다음 각 호의 어느 하나에 해당하는 미분양 주택을 말한다.

'주택법' 제15조에 따른 사업계획승인을 얻은 자가 건축해 소유하는 미분양 주택으로 2005년 1월 1일 이후에 주택분 재산세의 납세의무가 최초로 성립하는 날부터 5년이 경과하지 아니한 주택

'주택법' 제11조에 따른 허가를 받은 자가 건축해 소유하는 미분양 주택으로 2005년 1월 1일 이후에 주택분 재산세의 납세의무가 최초로 성립하는 날부터 5년이 경과하지 아니한 주택. 다만, 다음 각 목의 요건을 모두 갖춘 주택은 제외한다.

가. '주택법'제54조에 따라 공급하지 아니한 주택

나. 자기 또는 임대계약 등 권원을 불문하고 타인이 거주한 기간이 1년 이상인 주택

앞에서 살펴본 주택 신축 판매업의 장점과 유의해야 할 부분을 살폈을 때, 주택 신축 판매업 등록 시 어떤 전략을 사용해야 할까요? 주택 신축 판매업의 가장 큰 장점은 내가 주택을 10채, 100채 보유하더라도, 기존 주택을 1년 이내 멸실, 3년 이내 매도를 하면 취득세를 1주택자로 간주해 1주택에 해당하는 취득세를 낸다는 것입니다. 또한, 주택 신축 판매업으로 등록 시 신축 후 임대 기간이 1년이 넘지 않으면, 종합부동산세 합산 배제와 주택수도 미산입되는 장점이 있습니다.

따라서, 주택 신축 판매업을 등록해서 영위하는 사업자는 신축을 해서 3년 이내에 매도를 목적으로 하는 것이 좋습니다. 이럴 경우, 가장 최적화된 혜택을 볼 수 있습니다. 즉, 3년 이내 단기 보유 관점 또는 신축 후 즉시 매도를 목적으로 할 경우, 세금을 가장 절세할 수 있을 것입니다.

다음은 건설 임대 사업자입니다. 건설 임대 사업자 요건과 혜택은 다음과 같습니다.

건설 임대 사업자의 혜택

건설 임대 사업자의 혜택은 정말 좋습니다. 예전에는 장기주택임대 사업자가 누릴 수 있었던 여러 혜택이 폐지되거나 축소되고 있는 현재 시점에서 장기 보유를 위한 유일한 대안이 될 수 있지 않을까 생각합니다.

우선, 종합부동산세 산정 시 합산 배제가 가능하고, 2018년 9월 13일 이후 건설한 임대주택 또한 요건 충족 후 양도세 중과세 제외가 가능합니다. 또, 전용면적 40㎡ 이하에서는 임대목적의 공동주택, 다가구주택 또는 오피스텔에 대해서는 재산세도 면제됩니다. 다세대주택을 건설해 건설 임대 사업자로 등록 시 공동주택건설로 취득세 감면 혜택을 받을 수도 있습니다. 부동산 관련 세금에 대한 절세를 누릴 수 있는 종합 선물 세트 같은 느낌입니다. 그러나 이러한 수많은 혜택을 받기 위해서는 다음의 일정 요건을 득해야 합니다.

건설 임대 사업자의 요건

주택 신축 판매업은 특별한 요건이 발생되지 않지만, 건설 임대 사업자를 구청에 등록하려면 일정 요건을 득해야 합니다. 먼저, 대지면적이 90평 이하여야 하고, 각 호의 주택의 연면적이 149㎡ 이하이며, 주택의 임대개시일 또는 최초로 제9항에 따른 합산 배제신고를 한 연도의 과세기준일의 공시가격이 9억 원 이하여야 합니다. 덧붙여, 2호 이상 임대를 해야 합니다. 또한, 임대료 등의 증가율이 100분의 5를 초과하지 않는 주택이여야 합니다. 마지막으로 의무 임대 기간도 10년으로 깁니다.

건설 임대 사업자의 혜택과 기준 요건을 살펴봤을 때, 건설 임대 등록 시 어떤 전략을 사용해야 할까요? 건설 임대 사업자는 취·등록세, 재산세, 종합부동산세, 그리고 양도 시에도 부동산 관련 모든 세금 전반에 걸쳐서 감면을 받을 수 있는 아주 강력한 무기를 가지고 있다고 생각합니다. 그러나 단점도 만만치 않은데, 건설 임대 사업자는 사업자 유지 기간이 10년으로 깁니다. 따라서 기본적으로 건설 임대 사업자 등록을 결심했을 때는 10년 이상 장기 보유를 염두에 두셔야 합니다.

또한, 건설 임대 사업자의 요건 중 큰 것이 바로 2호 이상 임대입니다. 즉, 단독주택 범주에 속하는 다중주택은 149㎡의 기준과 2호 이상의 임대라는 부분의 결격 사유가 발생하기 때문에, 건설 임대 사업자를 고려하신 분들은 다중주택보다는 다가구나 다세대 부분을 염두에 두고 토지나 입지를 구해야 할 것입니다.

종부세법 시행령3조

제3조(합산 배제 임대주택) ①법 제8조제2항제1호에서 "대통령령으로 정하는 주택"이란 '공공주택 특별법' 제4조에 따른 공공주택사업자 또는 '민간임대주택에 관한 특별법' 제2조제7호에 따른 임대 사업자(이하 "임대 사업자"라 한다)로서 과세기준일 현재 '소득세법' 제168조 또는 '법인세법' 제111조에 따른 주택임대업 사업자등록(이하 이 조에서 "사업자등록"이라 한다)을 한 자가 과세기준일 현재 임대(제1호부터 제3호까지, 제5호부터 제8호까지의 주택을 임대한 경우를 말한다)하거나 소유(제4호의 주택을 소유한 경우를 말한다)하고 있는 다음 각 호의 어느 하나에 해당하는 주택(이하 "합산 배제 임대주택"이라 한다)을 말한다. 이 경우 과세기준일 현재 임대를 개시한 자가 법 제8조제3항에 따른 합산 배제 신고기간 종료일까지 임대 사업자로서 사업자등록을 하는 경우에는 해당 연도 과세기준일 현재 임대 사업자로서 사업자등록을 한 것으로 본다. 〈개정 2005. 12. 31., 2007. 8. 6., 2008. 2. 22., 2008. 7. 24., 2008. 10. 29., 2009. 2. 4., 2009. 12. 31., 2010. 2. 18., 2010. 9. 20., 2011. 3. 31., 2011. 10. 14., 2012. 2. 2., 2013. 2. 22., 2014. 7. 16., 2015. 12. 28., 2016. 8. 11., 2018. 2. 13., 2018. 7. 16., 2018. 10. 23., 2019. 2. 12., 2020. 2. 11., 2020. 8. 7., 2020. 10. 7., 2021. 2. 17.〉

1. '민간임대주택에 관한 특별법' 제2조제2호에 따른 민간건설 임대주택과 '공공주택 특별법' 제2조제1호의2에 따른 공공건설 임대주택(이하 이 조에서 "건설 임대주택"이라 한다)로서 다음 각 목의 요건을 모두 갖춘 주택이 2호 이상인 경우 그 주택. 다만, '민간임대주택에 관한 특별법' 제2조제2호에 따른 민간건설 임대주택의 경우에는 2018년 3월 31일 이전에 같은 법 제5조에 따른 임대 사업자 등록과 사업자등록(이하 이 조에서 "사업자등록등"이라 한다)을 한 주택으로 한정한다.

　가. 전용면적이 149제곱미터 이하로서 2호 이상의 주택의 임대를 개시한 날(2호 이상의 주택의

임대를 개시한 날 이후 임대를 개시한 주택의 경우에는 그 주택의 임대개시일을 말한다) 또는 최초로 제9항에 따른 합산 배제신고를 한 연도의 과세기준일의 공시가격이 9억 원 이하일 것

나. 5년 이상 계속해 임대하는 것일 것

다. 임대보증금 또는 임대료(이하 이 조에서 "임대료등"이라 한다)의 증가율이 100분의 5를 초과하지 않을 것. 이 경우 임대료등 증액 청구는 임대차계약의 체결 또는 약정한 임대료등의 증액이 있은 후 1년 이내에는 하지 못하고, 임대 사업자가 임대료등의 증액을 청구하면서 임대보증금과 월임대료를 상호 간에 전환하는 경우에는 '민간임대주택에 관한 특별법' 제44조 제4항 및 '공공주택 특별법 시행령' 제44조제3항에 따라 정한 기준을 준용한다.

제31조의3(장기일반민간임대주택 등에 대한 감면)연혁

① '민간임대주택에 관한 특별법' 제2조제4호에 따른 공공지원민간임대주택['민간임대주택에 관한 특별법'(법률 제17482호로 개정되기 전의 것을 말한다) 제5조에 따라 등록한 같은 법 제2조제6호에 따른 단기민간임대주택(이하 이 조에서 "단기민간임대주택"이라 한다)을 같은 법 제5조제3항에 따라 2020년 7월 11일 이후 공공지원민간임대주택으로 변경 신고한 주택은 제외한다] 및 같은 조 제5호에 따른 장기일반민간임대주택[2020년 7월 11일 이후 '민간임대주택에 관한 특별법'(법률 제17482호로 개정되기 전의 것을 말한다) 제5조에 따른 임대 사업자등록 신청(임대할 주택을 추가하기 위해 등록사항의 변경 신고를 한 경우를 포함한다)을 한 장기일반민간임대주택 중 아파트를 임대하는 민간매입임대주택이거나 단기민간임대주택을 같은 조 제3항에 따라 2020년 7월 11일 이후 장기일반민간임대주택으로 변경 신고한 주택은 제외한다]을 임대하려는 자가 대통령령으로 정하는 바에 따라 국내에서 임대 목적의 공동주택 2세대 이상 또는 대통령령으로 정하는 다가구주택(모든 호수의 전용면적이 40제곱미터 이하인 경우를 말하며, 이하 이 조에서 "다가구주택"이라 한다)을 과세기준일 현재 임대 목적에 직접 사용하는 경우 또는 같은 법 제2조제1호에 따른 준주택 중 오피스텔(이하 이 조에서 "오피스텔"이라 한다)을 2세대 이상 과세기준일 현재 임대 목적에 직접 사용하는 경우에는 다음 각 호에서 정하는 바에 따라 2024년 12월 31일까지 지방세를 감면한다. 다만, '지방세법' 제4조제1항에 따라 공시된 가액 또는 시장·군수가 산정한 가액이 3억 원['수도권정비계획법' 제2조제1호에 따른 수도권은 6억 원('민간임대주택에 관한 특별법' 제2조제2호에 따른 민간건설 임대주택인 경우는 9억 원)으로 한다]을 초과하는 공동주택과 '지방세법' 제4조에 따른 시가표준액이 2억 원['수도권정비계획법' 제2조제1호에 따른 수도권은 4억 원으로 한다]을 초과하는 오피스텔은 감면 대상에서 제외한다. 〈개정 2014.5.28, 2015.8.28, 2015.12.29, 2018.1.16, 2018.12.24, 2020.8.12, 2021.12.28〉

1. 전용면적 40제곱미터 이하인 임대 목적의 공동주택, 다가구주택 또는 오피스텔에 대해서는 재산세('지방세법' 제112조에 따른 부과액을 포함한다)를 면제한다.

2. 전용면적 40㎡ 초과 60㎡ 이하인 임대 목적의 공동주택 또는 오피스텔에 대해는 재산세('지방세법' 제112조에 따른 부과액을 포함한다)의 100분의 75를 경감한다.

3. 전용면적 60㎡ 초과 85㎡ 이하인 임대 목적의 공동주택 또는 오피스텔에 대해는 재산세의 100분의 50을 경감한다.

② 제1항을 적용할 때 '민간임대주택에 관한 특별법' 제6조에 따라 임대 사업자 등록이 말소되거나 같은 법 제43조제1항에 따른 임대의무기간 내에 매각·증여하는 경우에는 그 감면 사유 소

멸일부터 소급해 5년 이내에 감면된 재산세를 추징한다. 다만, 다음 각 호의 어느 하나에 해당하는 경우에는 추징에서 제외한다. 〈개정 2015.8.28., 2015.12.29., 2016.12.27., 2018.1.16., 2018.12.24., 2020.1.15., 2021.12.28.〉

1. '민간임대주택에 관한 특별법' 제43조제1항에 따른 임대의무기간이 경과한 후 등록이 말소된 경우

2. 그 밖에 대통령령으로 정하는 경우

(출처 : 지방세특례제한법 일부개정 2021. 12. 28. [법률 제18656호, 시행 2022. 1. 1.] 행정안전부 〉 종합법률정보 법령)

10장

꼬마빌딩
신축 사업 관련
Q&A

요즘 원룸 공실도 많다고 하던데, 지금 신축해도 괜찮을까요?

최근 코로나19 여파로 원룸이나 임대를 목적으로 하는 주택도 그 여파가 만만치 않아 보입니다. 신학기가 되어도 학교가 개강을 하지 않고, 회사 특히 코로나19에 취약한 중소기업들이나 많은 가게들이 휴업하거나 채용을 하지 않아서 고향으로 내려가는 학생이나 직장인들이 늘어난 영향이라고 합니다. 이러한 영향은 비단 주택임대에만 그치는 것이 아니라, 상가나 근생건물의 임대에도 큰 타격을 주고 있습니다. 그렇다면, 모든 원룸 건물이나 주택이 다 공실 상태일까요? 그렇지는 않습니다.

제(맥밀란)가 신축해서 관리하고 있는 여의도 인접 신길동 건물은 약간의 핸디캡을 가지고 있음에도 불구하고, 만실 상태를 유지하고 있습니다. 왜 그럴까요? 신축 전에 충분한 사전 조사와 임장을 통해서 신축 대상 토지 인근의 임차인의 수요가 얼마나 되는지, 그 주변의 신축 건물의 분포도는 어떤지, 주요 임대가와 임차인의 주 수요계층 등을 치밀하게 조사하고, 그 조사를 바탕으로 건물의 레이아웃과 인테리어를 그것에 맞게 구성했기 때문입니다.

이렇게 물건지에 대한 조사를 탄탄히 하고 그에 맞게 신축을 한다면 공실의 리스크는 크게 감소할 것입니다.

제가 현재 보유하고 있는 신길 건물에 대해 잠시 소개하자면, 1호선 신길역에서 도보 5분 거리에 위치해 있으며, 직장인이 많은 여의도는 샛강다리를 통해 도보나 자전거 통근이 가능할 정도로 가까이 위치해 있습니다. 또한, 여의도 직장인이나 1호선을 이용하는 직장인이 주 수요층이라 판단해, 원룸과 1.5룸을 적절히 배치했으며, 주변 임대가를 조사해 그보다 2~3만 원 정도 낮게 해서 임대를 빨리 맞추었습니다. 그뿐만 아니라 주변보다 조금 싼 임대가로 인해 2년 이상 장기로 임차해 있는 세입자가 다수 있습니다.

이것은 간단한 예일 뿐입니다. 자신의 조사를 믿고 그 임장 내용을 바탕으로 사업을 진행하는 것이 중요합니다. 예를 들면, 주요 지하철 노선의 300m 초인접 거리에 위치해 있으면, 지하철을 이용하는 1인 가구를 위해서 평수는 작더라도 원룸을 구성해서 수익률을 최대화하고, 역에서 500m 이상의 10분 정도 거리는 상대적으로 원룸의 크기를 넓게 해서 차별화하거나, 1.5룸, 투룸 위주로 구성해 쾌적성을 높인다든지, 주차 면적을 더 확보해 자차 보유 세입자를 공략한다면 더 경쟁력이 있을 거라 생각합니다.

주택 신축 사업에 어려움을 겪는 사람들을 보면 임차 수요나 입지는 따지지 않고, 단순히 토지가 저렴한 지역을 찾아서 그곳에 신축을 함으로써 엄청난 수익률을 자랑하지만, 결국엔 그것은 빛 좋은 개살구에 지나지 않습니다. 입지가 좋은 토지가 시간이 지날수록 지가 상승으로 건물가의 떨어진 감가를 상쇄시키고, 덤으로 월세까지 가져다주는 효자 물건이 되는 것입니다.

Q2

서울 역세권에 신축 시
필요한 투자 자금은 얼마일까요?

　　신축 사업을 하게 되면 크게 3가지 비용이 발생됩니다. 그 3가지는 토지, 건축비, 기타 잡비입니다. 통상적으로 소규모 신축 사업에 적합한 토지 크기는 40평대 내외입니다. 그리고 40평 내외에 2종 일반 건물을 신축하면, 신축의 규모는 약 100평 내외로 생각할 수 있습니다.

　　먼저, 토지 비용입니다.

　　40평 토지 가정 시 평당 3,000만 원 정도 되는 토지를 매수할 경우 토지비는 12억 원이 됩니다. 평당 3,000만 원의 서울 소재 토지는 강남구, 서초구, 송파구, 용산구 등의 일부 구를 제외하고는 대부분 찾을 수 있는 수준이며, 현 상황에서는 평당 최대 4,000이면 A급지 토지를 구할 수 있습니다.

　　두 번째, 건축비입니다.

　　건축비는 최근 자재비, 인건비 상승으로 지속해서 우상향하고 있습니다. 최근에는 평당 700만 원 정도 됩니다. 그럼 100평을 신축한다고 하면 7억 원이 됩니다.

　마지막으로 기타 비용입니다.

　여기에는 설계비, 감리비, 인입비, 건물분 원시 취득세, 그리고 금융 비용 정도입니다. 설계비는 100평 기준으로 2,000만 원 정도 소요되며, 도시가스, 전기, 수도 등을 외부에서 건물 내부로 연결할 때 드는 비용인 인입비는 1,000~2,000만 원, 건물분 원시 취득세는 건축 관련 비용의 3.16%로 7억 원 건축비 산정하면 2,200만 원 정도 됩니다. 그리고 금융 비용 1,000~2,000만 원 정도 산정하면 총비용은 5,500~8,000만 원 정도 소요됩니다.

　이러한 비용을 다 더해보면 약 19~20억 원 정도 됩니다.

　그럼 19~20억 원이 온전히 다 필요할까요?

　보통 토지비의 80%, 건축비의 60%까지 대출이 가능해서 총사업비의 약 70% 정도는 대출로 충당할 수 있습니다. 그러면 총사업비가 20억 원일 경우, 14억 원은 대출로 충당해서 6억 원 정도 자기자본이 필요하게 됩니다. 여기서 시공사와 협의를 통해 1억 원을 전세자금으로 후지급 계약이 가능하면 약 5억 원 정도의 자기자금으로 신축이 가능합니다.

신축 예정지에 사도로가 있다면
어떻게 해야 할까요?

사도로를 확인하는 법

네이버 또는 다음 지도 화면에서 매수하고자 하는 소재의 지번으로 검색해 해당 소재지에 접해 있는 도로가 있다면, 그 위치에 마우스 커서를 놓고 오른쪽 버튼을 클릭해 '여기주소보기'를 선택합니다. 그리고 포털사이트에서 '토지이용규제정보시스템'을 클릭해 이 주소를 입력한 후, 지목이 '도로'인지 확인합니다.

그 '도로'의 소유권을 확인하기 위해 '대법원인터넷등기소'에 들어가 '열람하기'에서 주소를 검색해 소유자란에 이름이 뜨면 사도로이고, 국가 소유라면 '※'로 표시가 됩니다.

건축법

'건축법'에 의한 도로라 함은 자동차 통행이 가능한 너비 4m 이상의 도로(차량 통행을 위한 도로의 설치가 곤란하거나 막다른 도로의 경우에는 정해진 구조와 너비의 도로)로서 '국토의 계획 및 이용에 관한 법률', '도로법', '사도법', 그 밖에 관계 법령(농어촌도로정비법)에 따라 신설 또는 변경에 관한 고시가 된 도로와 건축허가 또는 신고 시에 시장·군수·구청장 등이 위치를 지정해 공고한 도로나 그 예정도로를 말한다. 즉, 허가권자에 의해 위치를 지정공고한 도로를 '건축법'에 의한 도로라고 한다."

또한, 지적도상에 도로로 표기되어 있지 않으나 주민이 오랫동안 통행로로 이용하고 있는 사실상의 통로 등으로서 해당 지방자치단체의 조례로 정하는 경우에는 이해관계인의 동의를 받지 아니하고 건축위원회의 심의를 거쳐 도로를 지정할 수 있도록 하고 있다. 즉, 현황도로(관습도로)도 '건축법'에서 규정하는 요건을 충족하는 경우에는 도로로 인정해 건축허가를 할 수 있도록 하고 있다.

신축 부지가 사도로와 접해 있을 때 대처요령

오랫동안 통행로로 사용되어온 현황도로 구간에 접하고 있는 대지라면, 해당 지역의 조례에 따라 건축심의위원회를 거쳐 도로로 지정해줍니다. 최근에 개설한 사유 도로나 오래된 통로이지만, 도로 개설 당시의 토지 소유자가 자기 토지의 편익을 위해 설치한 도로를 이용해 건축허가를 처리하고자 하는 경우에는 토지 소유자의 동의를 받지 않고 건축허가를 내어주는 경우가 많아 건축허가 기관과 주민들과의 마찰이 끊임없이 제기되고 있는 실정입니다.

① 주인 확인이 가능한 경우

도로의 주인이 확인 가능한 경우는 해당 토지주로부터 토지사용승낙서를 받아야 합니다.

토지사용승낙서의 예

토 지 사 용 승 낙 서

■ **토지의 표시**

위　　치	
지 적 면 적	
사 용 면 적	
지　　목	

■ **사용기간 및 목적**

사 용 기 간	
사 용 목 적	

　　　상기 토지는 본인 소유로서 아래 사용자에게 토지에 대한 사용을 승낙하며, 위 사용

기간 내 본인이 사용하거나 제3자에게 재 사용권을 부여하지 않겠습니다.

※ **첨 부 :** 인감증명서　　1부

년 월 일

토지소유자　주　　소 :
　　　　　　　연 락 처 :
　　　　　　　성　　명 :　　　　　(인)

토지사용자　주　　소 :
　　　　　　　연 락 처 :
　　　　　　　성　　명 :　　　　　(인)

② 사도로 주인 확인이 불가능할 경우

사도로 주인 확인이 불가능해 그냥 일을 진행할 경우, 주인이 나중에 나타나 토지 사용료를 원하게 되면 지급해야 하고, 토지주가 원할 경우 인입이 된 가스, 전기, 상수도 등을 철거당할 수 있습니다. 실제로 서울 시내의 주요 도로를 제외하고, 주택가 또는 주택 인접지의 도로는 사도로일 확률이 높기 때문에 먼저 사도 유무를 확인하고, 사전에 토지주와 협의를 통해 토지 사용승낙서를 득하고 진행하는 것이 가장 중요합니다.

신축 시 구옥에 대한 취·등록세 중과를 피할 수 있는 방법은 무엇일까요?

20년 6월 17일 주택시장 안정을 위한 관리방안으로, 법인과 다주택자의 취득세 중과가 시행되었습니다. 즉 2주택자 8%, 3주택 이상과 법인에는 12%의 취·등록세를 부과하는 것이 그 주요 골자입니다.

주택시장 안정을 위한 관리 방안(20.6.17)

❶ (다주택자 부담 인상) 다주택자, 법인 등에 대한 취득세율 인상
* 2주택 8% / 3주택 이상, 법인 12%

현 재			개 정		
개인	1주택	주택 가액에 따라 1~3%	개인	1주택	주택 가액에 따라 1~3%
	2주택			2주택	8%
	3주택			3주택	
	4주택 이상	4%		4주택 이상	12%
법 인		주택 가액에 따라 1~3%	법 인		

❷ (법인 전환 시 취득세 감면 제한) 개인에서 법인으로 전환을 통한 세 부담 회피를 방지하기 위해 부동산 매매·임대업 법인은 현물 출자에 따른 취득세 감면 혜택(75%) 배제

이러한 취득세 중과를 피하기 위해서는 여러 가지 방법이 있지만, 다음의 3가지 방법이 가장 현실성 있는 접근일 것 같습니다.

그것은 바로 주택 신축 판매업 등록을 통한 중과 제외 규정 활용, 잔금 전 신축 부지의 멸실을 이용한 토지로의 매수, 마지막으로 신축 부지의 용도 변경을 이용한 근생건물로의 매수입니다.

주택 신축 판매업 등록

앞에서 설명해드린 바와 같이 주택 신축 판매업을 하면 취득세 중과를 피할 수 있습니다. 하지만 취득 후 1년 이내 멸실, 3년 이내에 매도하지 못할 경우, 추가 과세를 납부할 수 있기 때문에 신축 후 단기 매도를 목적으로 하는 경우에만 사용 가능한 방법입니다.

신축 부지의 멸실을 이용한 토지로의 매수

계약 당시에는 주택으로 매수하고, 잔금 전에 매도자의 명의로 멸실해 잔금 시에는 토지로 양도받는 방법입니다. 매도자는 주택으로 매도할 수 있고, 매수자는 토지로 취득해 4.6% 취득세만 납부할 수 있습니다. 하지만 잔금 전에 멸실하려면 임차인의 명도 문제나 매도자의 거주 이전이 먼저 이루어져야 하기 때문에 일반적인 경우보다 중도금이 더 많이 지급될 수 있는 점을 신축 사업계획 시 반영해야 합니다.

신축 부지의 용도 변경을 이용한 근생건물로의 매수

계약은 주택으로 진행하고, 잔금 전 주택을 근생으로 용도 변경해 잔금 시 근생건물 매수에 해당하는 취득세 4.6%를 납부할 수 있습니다. 하지만 근생으로 용도 변경 시 건물분에 대한 부가세가 부과되는데 그 부담을 매수자가 부담할 경우, 비용을 감안해야 합니다.

제20조(취득의 시기 등)

② 유상승계취득의 경우에는 다음 각 호에서 정하는 날에 취득한 것으로 본다. 〈개정 2014. 8. 12., 2015. 12. 31., 2016. 12. 30., 2017. 1. 17., 2017. 7. 26.〉

1. 법 제10조제5항제1호부터 제4호까지의 규정 중 어느 하나에 해당하는 유상승계취득의 경우에는 그 사실상의 잔금지급일

2. 제1호에 해당하지 아니하는 유상승계취득의 경우에는 그 계약상의 잔금지급일(계약상 잔금지급일이 명시되지 아니한 경우에는 계약일부터 60일이 경과한 날을 말한다). 다만, 해당 취득물건을 등기·등록하지 아니하고 다음 각 목의 어느 하나에 해당하는 서류에 의해 계약이 해제된 사실이 입증되는 경우에는 취득한 것으로 보지 아니한다.

　가. 화해조서·인낙조서(해당 조서에서 취득일부터 60일 이내에 계약이 해제된 사실이 입증되는 경우만 해당한다)

　나. 공정증서(공증인이 인증한 사서증서를 포함하되, 취득일부터 60일 이내에 공증받은 것만 해당한다)

　다. 행정안전부령으로 정하는 계약해제신고서(취득일부터 60일 이내에 제출된 것만 해당한다)

　라. 부동산 거래신고 관련 법령에 따른 부동산거래계약 해제등 신고서(취득일부터 60일 이내에 등록관청에 제출한 경우만 해당한다)

Q5

당장 신축 계획이 없어도 주택 신축 사업에 관한 공부를 해야하는 이유는 무엇일까요?

많은 분들이 신축 사업을 하고 싶지만, 여러 가지 이유로 지금 당장은 할 수 없는데, 신축 공부를 지속하는 것이 맞는지 종종 의견을 물어오십니다. 신축을 하기 위해서는 자금과 주변에 대한 설득도 필요한 상황에서 지금 투자해놓은 것이 많아 투자한 부분을 회수하고 난 뒤 해야 할 것 같아서 당장은 할 수 없는 상황이 대부분인 것 같습니다.

만약 내가 신축을 하려고 한다면, 때가 되지 않음에 대한 걱정보다는 먼저 내가 그 때를 만들기 위한 적극적인 노력이 필요하다고 생각합니다. 즉 자금이 없으면 자금을 마련할 수 있는 방법을 모색하고, 마음의 준비가 안 되어 있으면 마음의 준비를 하기 위해서 적극적으로 준비하는 자세가 필요합니다.

신축은 내가 하고 싶다고 해서 바로 할 수 있는 것이 아닙니다. 우선 토지를 매수해야 하고 그 토지를 매수하기 위해서는 그 토지의 숨은 힘을 볼 수 있어야 합니다. 토지가 가진 입지적 특성을 분석할 수 있는 능력, 지가 상승의 일등 공신인 향후 발전 가능성에 대한 철저한 분석이 먼저이고, 그다음은 토지이용계획원을 출력해서 몇 평 건축이 가능하고 몇 층까지 올릴수 있으며, 전용면적은 얼마이고, 공용면적은 얼마일지, 그리고 그에 따른 수익성 분석과 앞에서 이야기한 임대가 조사 등을 할 수 있어야 합니다. 이런 분석은 하면 할수록 늘게 되고, 보면 볼수록 분석 레벨이 급상승하게 됩니다. 따라서 지금 당장 신축을 하지 않더라도 미리 준비하고 그에 대한 내공을 기르는 일을 꾸준히 해야 합니다. 그렇게 되어야지만, 이 사업을 성공적으로 이끌 수 있습니다.

제가 아는 한 지인분은 1년 넘게 신축 공부를 하며 토지를 분석하고 수익률을 분석하고 수십 개가 넘는 토지를 보고 분석한 후, 드디어 신축 사업을 해서 성공적으로 운영을 하고 있습니다. 그분이 들인 1년의 세월이 그냥 허송세월일까요? 저는 아니라고 생각합니다. 두 번째 사업 프로젝트의 큰 밑거름이 될 것으로 믿고 있습니다.

어떤 분은 1개월 만에 토지를 구해서 신축 사업을 하고, 어떤 분은 1년 이상이 걸렸지만, 결국 신축 사업을 해서 다들 만족하고 있습니다. 그리고 개인적으로는 1개월 만에 토지를 구하신 분보다 1년 이상이 걸리신 분이 훨씬 더 향후 이 사업을 추진하는 데 유리할 것이라 생각합니다.

신축 사업 성패를 좌우하는 효과적인 시세 파악 및 조사 방법은 무엇일까요?

신축 사업을 위한 대상 토지를 선정할 때, 입지 및 향후 발전 가능성에 대한 분석과 함께 중요한 것이 수익성 분석입니다. 사실 우리가 다른 사람들보다 비교우위에 있을 수 있는 가장 큰 요인이 바로, 수익성을 분석하는 방법이라고 저는 생각합니다. 이러한 수익성 분석에서 중요한 부분을 세분화해보면 다음과 같습니다.

첫째, 투자금 부분입니다.

투자금 부분은 토지 매수 비용, 토지 취·등록세, 설계비, 감리비, 시공 비용, 건물분 취·등록세, 임대 비용, 그리고 신축 과정에서 발생하는 이자 비용 등이 있습니다. 사실 이 부분에 대한 오류는 크지 않습니다. 대부분 이미 확정되어 있거나 그 확정 비용에 맞춰 요율이 정해져 있기 때문입니다.

문제는 예상 임대료 분석에 있습니다. 예를 들어, 원룸 기준으로 실제 내가 받을 수 있는 임대료보다 5만 원만 높게 받으면 원룸이 10개라고 한다면 월 50만 원이 차이 나고, 연간 600만 원이 차이 납니다. 이를 5% 수익률로 환산하면, 매매가로는 1.2억 원이 과대 계산됩니다. 반대로 5만 원만 낮게 계산하면 1.2억 원의 수익이 없는 것으로 될 수도 있습니다.

따라서 이러한 임대료 분석이 제대로 되지 않으면, 우리는 정말 옥같이 귀한 토지를 놓치게 되거나, 반대로 별로 좋지 못한 토지를 좋은 토지로 오산해 매수하는 우를 범하게 됩니다. 따라서 토지이용계획원 분석을 통해 이 토지가 몇 층으로 구성되고, 또 방이 몇 개 나오는지에 대한 분석도 중요하지만, 그것보다 중요한 것이 바로 임대 시세 파악입니다.

다음은 임대 시세를 파악하는 중요한 방법입니다.

첫째, 원룸, 1.5룸, 투룸 등의 대략의 평수의 감을 먼저 갖는 것이 중요합니다. 실제로 원룸은 스탠다드가 4.5~5평, 1.5룸은 6~7평, 투룸은 보통 10~12평 기준입니다. 그렇다면, 여기서 이 평수에 대한 감을 가져야 합니다. 4.5평의 원룸 크기는 어떤 크기인지 알아야 합니다. 그 이유는 우리가 생각한 4.5평의 매물은 실제로 부동산에 가보면 5평 또는 심하게는 6평 이상으로 소개되기도 합니다. 그리고 어떤 곳은 전용과 공용을 합해서 7평으로도 소개하기도 합니다. 여기서 우리는 혼동이 옵니다. 원룸은 4.5~5평이라고 했는데, 실제로 가보면 다 6평, 7평 넘는 것이라고 하니 말이죠.

그런데 과연 6평, 7평 원룸이 있을까요? 저는 없다고 단언합니다. 6평 넘어가면 무조건 방 하나 더 만들어 1.5룸으로 합니다. 그렇게 해야 몇 만 원이라도 더 월세를 받을 수 있기 때문입니다. 따라서 우선 임장을 가기 전에 실제 원룸, 1.5룸, 투룸 등의 공감감을 익히시는 것이 중요합니다.

그러한 공감감을 익히는 팁은 이렇습니다. 집에서 줄자를 놓고 자신의 보폭으로 1m 정도의 보폭으로 걸어봅니다. 그리고 실제로 임장 시가로 몇 걸음, 세로 몇 걸음인지 가늠해봅니다. 그러면 대충 이 방이 몇평 방인지가 머릿속으로 계산됩니다. 그렇게 각 구조 평면의 평수에 대한 공간감을 익히시기를 바랍니다. 그렇게 해야 부동산에서 6평 원룸이라고 해도 실제 4.5평밖에 안 된다는 것을 알 수 있고, 정확한 원룸 시세를 파악할 수 있습니다.

둘째, 임대가 조사 시에는 신축건물 임대가 확인으로 1번, 그리고 임차인으로 가장해서 또 1번 해서 꼭 2번은 임대 시세를 확인해야 합니다. 공존 신축스터디의 입문반 스터디의 첫 번째 과제가 바로 '신축건물의 임대 내역 분석하기'입니다. 이것을 통해 한눈에 원룸, 투룸의 임대 시세 내역을 파악할 수 있고, 한 번에 여러 룸의 상태와 임대 시세 비교가 가능합니다. 그러나 이러한 신축 임대 시세는 아무래도 매도를 위한 임대 시세 작업이 의심될 수 있으므로 임차인으로 가장해 실제 수요자 입장에서 임대가를 또 파악해서 그 차이를 분석해야 합니다.

셋째, 부동산 중개사무소의 말을 절대 100% 신뢰하지 말아야 합니다. 물론 인근 부동산 중개사무소의 조언을 듣는 것은 중요합니다. 하지만 부동산 중개사무소도 다 같은 부동산 중개사무소가 아닙니다. 토지 전문 부동산 중개사무소는 토지 매물 정보는 잘 알지만, 임대는 잘 모르는 경우가 많습니다. 임대는 임대 전문 부동산 중개사무소가 잘 압니다. 그 지역에서 임대를 전문으로 하는 부동산 중개사무소를 찾아가야 정확하고 신뢰 높은 임대가를 조사할 수 있습니다. 그 근처 아무 부동산 중개사무소에 가서 임대가를 물어보면 정말 천차만별의 임대가를 이야기합니다. 그런 임대가는 절대 신뢰할 수 없습니다.

그리고 잘 판단해야 할 부분은 요즘은 수요자들이 방 크기가 큰 원룸을 선호한다는 것입니다. 이것은 당연한 이야기입니다. 누구든지 큰 방을 원합니다. 그러나 임대료가 문제죠. 방이 크면 그만큼 임대료가 높게 마련입니다. 그럼, 큰 방을 임차인들이 얼마나 찾고, 임차인들이 부담할 수 있는 월 임대료 수준이 얼마인지 확인해야 합니다. 이것은 지역마다 다를 것입니다. 임차인들의 소득 수준이 높으면 방이 넓어도 되겠지만, 임차인들의 소득 수준이 낮으면 절대적으로 원룸으로 공략해야 합니다. 실제로 제가 임대하고 있는 관악구는 임차인들의 나이가 어리고 임대료 수준이 낮아서 원룸은 공급이 굉장히 많지만, 수요 역시 꾸준히 있습니다. 하지만 임대료가 높은 1.5룸 이상은 수요가 한정되어 있습니다. 일례로 1.5룸은 임대료 수준이 2,000만 원에 월 80만 원 수준은 받아야 하는데, 그러면 소형 빌라와 오피스텔과 비교가 됩니다. 그렇게 되면 경쟁에서 이기기 힘든 구조가 될 수도 있기 때문에 이런 부분까지 고려해야 합니다.

에필로그

시작한 지 1년 남짓 되었는데, 이미 20여 명 정도의 분들이 실제 토지를 매입해서 건물을 올리고, 신축을 진행하고 있습니다. 신축에 대해 잘 모르고 오셨던 분들이 스터디를 통해 신축부지를 보는 법을 익히고, 실제 토지를 찾아가며 건물을 짓기 시작하는 모습은 마치 마법과 같았습니다.

처음 이 일을 시작할 때, 우리가 1년 후 이렇게 되겠다고 목표를 세우고 진행했다면 그게 쉬운 일인 줄 아냐며 많은 염려와 걱정을 들었을 것입니다. 무언가를 달성하기 위해 노력하기기보다는 현재 상황에서 최선인 방법을 정리했습니다. 무엇보다 개인의 성향과 상황에 맞게 일이 진행되는 것을 최우선시하며 한 주, 한 주 교육에 열정을 다한 것 같습니다. 그 과정에서 약간의 어려움은 있었지만, 이 일은 여전히 우리에게는 의미 있고, 즐거운 일이기에 지금까지 쉼 없이 이어나갈 수 있었던 것 같습니다. 그렇게 우리는 일반 사람들이 신축 사업가로 변화하는 작은 기적들을 만들어나가며 4평 작은 공간의 가치를 이어나갈 예정입니다.

열정잇기, 맥밀란

열정잇기 thank to

처음부터 저희를 믿고 함께 해주신 공존 스터디분들과 설계와 시공을 해주시는 건축사님과 시공사분들께 감사하다는 말씀드리고 싶습니다. 책을 쓴다고 컴퓨터 앞에서 많은 시간을 보내는 저를 이해해주는 남편과 윤아, 윤성, 윤혁, 그리고 이 모든 일이 가능할 수 있도록 함께해주신 맥밀란님께 진심으로 감사드립니다.

맥밀란 thank to

아무것도 없이 시작한 공존 신축스터디를 믿고 같이 스터디해주신 공존스터디 회원분들과 수많은 계획설계, 규모 평가 등을 묵묵하게 도와주신 건축사님, 제가 항상 믿을 수 있는 우리 건설사 분께 무한한 감사를 드립니다. 항상 묵묵히 지지하고 응원해주는 저의 아내와 준호, 원호 우리 두 아들에게도 정말 감사하다고 말씀드리고 싶습니다. 저의 부족한 부분을 메워주시는 열정잇기님께도 무한한 감사를 드립니다.

투자금이 회수되는
월세 부자, 건물주 되기

제1판 1쇄 | 2022년 5월 17일

지은이 | 맥밀란, 열정잇기
펴낸이 | 오형규
펴낸곳 | 한국경제신문*i*
기획제작 | (주)두드림미디어
책임편집 | 최윤경   디자인 | 얼앤똘비악earl_tolbiac@naver.com

주소 | 서울특별시 중구 청파로 463
기획출판팀 | 02-333-3577
E-mail | dodreamedia@naver.com
등록 | 제 2-315(1967. 5. 15)

ISBN   978-89-475-4814-4 (03320)

한국경제신문 *i*

부동산 도서 목록

한국경제신문 *i* 부동산 도서 목록

한국경제신문 *i* 부동산 도서 목록

한국경제신문 *i* 부동산 도서 목록

한국경제신문*i* 부동산 도서 목록

두드림미디어

경제·경영, 재테크, 자기계발, 실용서 전문 출판 임프린트

가치 있는 콘텐츠와 사람
꿈꾸던 미래와 현재를 잇는 통로

Tel. 02-333-3577
E-mail. dodreamedia@naver.com
https://cafe.naver.com/dodreamedia